Jesus von Nazaret

Leben und Wirken in seiner jüdischen Umwelt

Jesus von Nazaret

Leben und Wirken in seiner jüdischen Umwelt

Jürgen Lenssen
Alexander Schwarz

Weltbild

Umschlagsentwurf: Hans Numberger, München
Lithos: Osiris, München
Satz: Fotosatz Völkl, Germering
Druck und Einband: Offsetdruckerei Ernst Uhl, Radolfzell

ISBN: 3-557-91255-8

Inhaltsverzeichnis

Vorwort

Er kam in sein Eigentum,
aber die Seinen nahmen ihn nicht auf.
Joh 1,11

Mit diesem Vers sind im Johannesevangelium Sendung und Zugehörigkeit wie die Auseinandersetzung Jesu mit einzelnen Gruppierungen seines Volkes in knapper Weise beschrieben. Damit werden aber auch zugleich das Leitwort und der Grundgedanke dieses vorliegenden Buches genannt. Unser Anliegen ist es, die Person Jesu von Nazaret innerhalb seiner jüdischen Umwelt zu betrachten. Daß Jesus Jude ist, hebt ihn um so mehr von seinem zeitgenössischen Judentum ab, angesichts dessen messianischer Erwartungshaltung und Vorstellungen. Wird er auch in der Art und Weise seines Auftretens von alttestamentlichem Denken her bestimmt und von pharisäischer Frömmigkeit beeinflußt, so sieht er sich mit seinem messianischen Anspruch verkannt und einem Unverständnis gegenüber, das sich bis zur tödlichen Ablehnung steigert. Dieser Situation will dieses Buch in seiner Aufteilung gerechtwerden. Der jeweiligen Bereitung des jüdischen Bodens (von A. Schwarz), auf dem sich Jesus bewegt, folgt – ausgehend von einem entsprechenden Wort der Evangelien – die Schilderung der Auseinandersetzung und des Sieges Jesu (von J. Lenssen). So wollen wir die Erfahrung vermitteln: „Wir haben seine Herrlichkeit gesehen, die Herrlichkeit des einzigen Sohnes vom Vater, voll Gnade und Wahrheit.“ (Joh 1,14 b)

Aschaffenburg, Weihnachten 1983
Jürgen Lenssen
Alexander Schwarz

Links: Ikone des auferstandenen Christus in Silberrahmung an der Innenwand der Grabeskirche.

Johannes der Täufer

... Zur Zeit des Herodes, des Königs von Judäa, lebte ein Priester namens Zacharias, der zur Priesterklasse Abija gehörte. Seine Frau stammte aus dem Geschlecht Aarons; sie hieß Elisabet. Beide lebten so, wie es in den Augen Gottes recht ist, und hielten sich in allem streng an die Gebote und Vorschriften des Herrn. Sie hatten keine Kinder, denn Elisabet war unfruchtbar, und beide waren schon im vorgerückten Alter. Eines Tages, als seine Priesterklasse wieder an der Reihe war und er beim Gottesdienst mitzuwirken hatte, wurde, wie nach der Priesterordnung üblich, das Los geworfen, und Zacharias fiel die Aufgabe zu, im Tempel des Herrn das Rauchopfer darzubringen. Während er nun zur festgelegten Zeit das Opfer darbrachte, stand das ganze Volk draußen und betete. Da erschien dem Zacharias ein Engel des Herrn; er stand auf der rechten Seite des Rauchopferaltars. Als Zacharias ihn sah, erschrak er, und es befiel ihn Furcht. Der Engel aber sagte zu ihm: Fürchte dich nicht Zacharias! Dein Gebet ist erhört worden. Deine Frau Elisabet wird dir einen Sohn gebären, dem sollst du den Namen Johannes geben.

Lk 1

Mit wieviel Freude und doch großer Angst im Herzen mag der Priester Zacharias diese Botschaft vernommen haben. Denn er hatte als frommer, rechtgläubiger Jude und als Priester, der viele Jahre seines Lebens seinen Dienst im „Hause des Herrn" vorbildlich versehen hatte, ein schweres, ja für einen Menschen jener Zeit unfaßbares Schicksal zu tragen.

Jahrzehntelang blieb seine Ehe mit Elisabet kinderlos. Welche Verachtung und welches Mißtrauen mag sich in all diesen Jahren unter Freunden, Nachbarn und den anderen Priestern angestaut haben, denn es war klar, daß Kinderlosigkeit eines Priesters nur die verdiente Strafe für schwere Sünden bedeuten konnte, hatte Gott doch allen wahrhaft Frommen reichen Kindersegen versprochen, so daß zumindest die Nachkommen das Antlitz des Messias erblicken dürfen. Kinderlosigkeit galt als höchste Schande, denn als oberster Zweck der Ehe gilt bis in unsere Tage im Judentum eine starke und zahlreiche Kinderschar.

Wir verstehen darum auch die Klage der Rahel, die zu Jakob sagte: „... Verschaff' mir Söhne! Wenn nicht, sterbe ich" (Gen 30,1), und den Vorwurf, mit dem Abraham seinem Gott entgegentrat: „... Herr, mein Herr, was willst du mir schon geben? Ich gehe doch kinderlos dahin, und Erbe meines Hauses ist Eliëser aus Damaskus. Du hast mir ja keine Nachkommen gegeben; also wird mich mein Haussklave beerben." (Gen 15,2–4)

Deshalb heißt es auch im 127. Psalm u. a. „... Kinder sind eine Gabe des Herrn, die Frucht des Leibes ist sein Geschenk. Wie Pfeile in der Hand des Kriegers, so sind Söhne aus den Jahren der Jugend. Wohl dem Mann, der mit ihnen den Köcher gefüllt hat!"

Nur die Söhne pflanzen das Geschlecht fort und waren damals erbfähig. Und wer soll am Grabe des Vaters und während der darauffolgenden 11 Monate des Trauerjahres das in aramäischer Sprache verfaßte „Kaddisch“, das Trauergebet, sprechen, in dem Tod und Vergänglichkeit nicht erwähnt werden, sondern nur die unendliche Liebe Gottes ihren Ausdruck findet.

„Jehe scheme rabba meborach – Dein Wille geschehe.“

Und du, Kind, wirst Prophet des Höchsten heißen; denn du wirst dem Herrn vorangehen und ihm den Weg bereiten.
Du wirst sein Volk mit der Erfahrung des Heils beschenken in der Vergebung der Sünden.

Lk 1,76 f

Die Zukunftserwartung Israels ist zunächst rein diesseitig ausgerichtet. Es erhofft sich das Kommen des Messias, verknüpft mit der Wiedereinnahme des verlorenen Landes und der Reinigung des Volkes von aller heidnischen Überfremdung. Doch werden diese diesseitig-politischen Hoffnungen bald zugunsten einer Erwartung der anbrechenden Gottesherrschaft und einer Erlösung Israels über das Irdische hinaus ausgeweitet. Das nahende Endgericht erwartet das Judentum der Zeit Jesu ebenso wie das Kommen eines himmlischen Menschen, der Gericht halten und sich ein heiliges Volk sammeln wird. Auf diesem Hintergrund ist das Kommen Jesu wie seines Wegbereiters Johannes, des messianischen Propheten, zu sehen. Bis zu Johannes reicht die alttestamentliche Heilsordnung, die durch das Gesetz und die prophetischen Verheißungen bestimmt ist. Doch nun hat sie ihr Ende gefunden. Jedoch nicht im Sinne mancher jüdischen Kreise, die mit Johannes das Ende und die vorgerichtliche Zeit angebrochen sehen. Lukas hat vielmehr der Erzählung von der Geburt und dem Auftrag des Johannes den Bericht über Jesus gegenübergestellt, um zu zeigen, daß das angenommene Ende sich allein auf die Zeit der Erwartung bezieht, denn jetzt kommt mit Jesus die Heilszeit Gottes. Und Johannes leitet diese an deren Türschwelle ein. Was die Urväter und Väter erhofft haben, wird nun Erfüllung finden. Die in den prophetischen Verheißungen schon verborgene, geheimnisvolle Zukunft bricht an.

Die von Lukas scharf gezogene Trennungslinie zwischen Johannes und Jesus macht darauf aufmerksam: Hier setzt sich nicht die alttestamentliche Heilsordnung fort, hier ist wirklich ein Neuanfang. Das schließt aber eine Rivalität aus, vielmehr sind beide, der Messias und dessen Prophet, durch den Heilsplan Gottes miteinander verbunden. Getrennt sind sie aber durch die Zeiten, denen sie angehören: der alttestamentlich-prophetischen des Johannes und der messianischen Heilszeit, die in Jesus ihren Anfang nimmt. Der Verheißung und Erwartung des Johannes steht gegenüber, daß mit Jesus die Zeit erfüllt ist. Damit werden die Zeit der Synagoge und die der Kirche zur großen Heilsgeschichte Gottes, in deren Mitte diese beiden Männer stehen, die das Ende und zugleich ohne Aufgabe der Wurzel den Anfang setzen. So wie bei Johannes, dessen Geburt an die Verheißung an Abraham anknüpft, der alte Bund in Verdichtung noch einmal aufleuchtet, so strahlt mit dem Kommen und Leben Jesu die gesamte Geschichte des neuen Bundes auf als Erfahrung und Gegenwärtigkeit des Heils. Ob dieser Schritt aber von Israel vollzogen wird, ist in seine Entscheidung gestellt. Die Chance, von der Erwartung zur Erfahrung der Erfüllung zu gelangen, ist ihm gegeben.

Herr, angesichts unserer bangen Sorge und Ausschau nach einer besseren Welt laß uns erkennen, daß diese schon angebrochen und in Deiner Gegenwart erfüllt ist.

Ein Karen. – In diesem Ort, westlich von Jerusalem gelegen, wurde der Tradition nach Johannes der Täufer geboren, hier wohnte Maria bei Elisabet. Von hier aus zog sich Johannes der Täufer in die Einsamkeit der Wüste zurück, bis der Ruf des Herrn an ihn erging.

Maria

Eine tüchtige Frau ist die Krone ihres Hauses

Spr 12,4

Noch zu Beginn der biblischen Zeit setzte sich die Gesellschaft der einzelnen Stämme aus Großfamilien zusammen, deren Sippenvorstand, der Patriarch, absoluter Herrscher war. Selbst die Könige der späteren Jahrhunderte waren klug genug, auf die Wünsche und Forderungen eines solchen Stammesfürsten Rücksicht zu nehmen. Somit erklärt sich eine gewisse Vormachtstellung des Mannes innerhalb der Gemeinschaft. Die Frau war der wertvollste Besitz und der Stolz des Mannes.

Auch bei der Eheschließung war dem Mann die aktive Rolle zugedacht. Er steckte der Frau den Ring an, bei der Scheidung sprach er die Scheidungsformel, obwohl die Richter, die ausschließlich Männer waren, meist zugunsten der Frauen urteilten.

Trotzdem machte die Bibel den Frauen weitaus mehr Zugeständnisse als die Gesetze der damals bereits weitaus fortgeschritteneren Völker. Sie waren dem Mann ebenbürtig. Vater und Mutter wurden gleichermaßen geehrt. So wurden die Mädchen dem Religionsgesetz nach bereits mit 12, die Knaben erst mit 13 Jahren volljährig.

Frauen genossen die gleichen Rechte und Pflichten wie die Männer vor dem Gesetz. Sie konnten jedoch nicht Richter werden oder als Zeuginnen vor Gericht in Zivil- oder Strafprozessen auftreten. Jedoch wurde eine weibliche Zeugin vor dem Religionsgericht akzeptiert. Begründet wurde diese Einschränkung damit, daß Frauen, von ihren Gefühlen zu stark geleitet, keine objektiven Urteile fällen könnten.

Aber auch in religiösen Dingen blieb die Frau benachteiligt, sie konnte nicht Priester werden und keine Funktion im Tempel übernehmen, obwohl die Teilnahme am Kult anfänglich erlaubt war.

Wir lesen im Buch Exodus, daß Mirjam, die Schwester des Mose, die Frauen in einer Dankprozession anführte, als die Reiterei des Pharao im Meer versunken war.

Später wurde die Beteiligung am Kult aus Anstandsgründen wieder aufgehoben.

Doch der ausgeprägte Familiensinn der Israelitin veränderte schon bald nach der Landnahme die Stellung der Frau. Sie wurde zur Herrin im Haus und zur Erzieherin ihrer Kinder und hatte die Aufgabe, ihren Mann vor Sünden zu bewahren. Reicher Kindersegen und häuslicher Wohlstand steigerten das Ansehen des Mannes.

Mit welcher Ehrfurcht und Verehrung wird das Leben der großen Frauen des Alten Testamentes und deren oft tragischen Schicksale geschildert: Mirjam, die Schwester des Mose, die Frauen der Erzväter und Jaël, die Frau des Keniters, die den Sisera auf seiner Flucht tötete. Und wie strahlt die überzeugende Persönlichkeit der Richterin und Prophetin Debora, die ihrem Feldherrn Barak im Kampf gegen Sisera vorangehen sollte, als dieser von Furcht überwältigt wurde. Doch wir kennen die Antwort der Debora, die vor allem Frau und Mutter in einer von Männern beherrschten Gesellschaft war: „Ich gehe mit dir, aber der Ruhm bei diesem Unternehmen, zu dem du ausziehst, wird dann nicht dir zuteil, denn der Herr wird Sisera der Hand einer Frau ausliefern."

Wir sollten hier aber auch noch eine andere Frau, die Prophetin Hulda, erwähnen, zu welcher König Joschija seine Boten, u. a. den Priester Hilkija, schickte, obwohl sie eine Frau war, um sich von ihr das Gesetzbuch auslegen zu lassen und die ihm dann trotz aller Sünden ein friedvolles Sterben verhieß.

Im sechsten Monat wurde der Engel Gabriel von Gott in eine Stadt in Galiläa namens Nazaret zu einer Jungfrau gesandt. Sie war mit einem Mann namens Josef verlobt, der aus dem Haus David stammte. Der Name der Jungfrau war Maria.

Lk 1,26 f

Der Verkündigung des Johannes folgt die Verkündigung Jesu. Doch: Ist jener „groß vor dem Herrn" und „erfüllt vom Heiligen Geist", so wird dieser in und aus sich selbst groß sein und dem Geist seine Existenz verdanken. Fordert Zacharias noch in alttestamentlicher Frömmigkeit ein Zeichen, setzt nun der nicht an die Zeichenforderung gebundene neutestamentliche Glaube ein. Dem „Prophet des Höchsten" folgt nun der „Sohn des Höchsten". Erscheint bei jenem der Engel, kommt nunmehr der Engel, geht Gott auf den Menschen zu in der Menschwerdung. Spricht der Engel den Zacharias im abgeschlossenen Raum Gottes im Tempel, den Sitz des mosaischen Gesetzes an, wird er jetzt in eine Stadt des halbheidnischen Galiläas namens Nazaret gesandt. Verkörpert der angesprochene Zacharias noch die Priesterklasse und die Tempelhierarchie des Alten Bundes, die sich vom einfachen Volke abhebt, neigt sich Gott nun dem Niedrigen, Unscheinbaren, Unbedeutenden, den sogenannten „Armen" in der Person des Mädchens Maria in der bislang nirgends erwähnten Ortschaft Nazaret zu. Deutlicher kann nicht gezeigt werden, daß Neues anbricht, sich ereignet. Gott ergreift eine Initiative, die über jegliches jüdisches Denken und Vorstellungsvermögen hinausgeht. Nicht mehr der Tempel und die in ihm dienen, erfahren den Zuspruch Gottes. Gott wählt sich Maria als Vertreterin des Gottesvolkes und stellt sich damit in die Reihe der großen Gestalten des Alten Bundes, die Gott sich zur Rettung seines Volkes erwählte. Alle messianischen Verheißungen, die an jene ergangen waren, finden in der Botschaft an Maria die Erfüllung. Entspricht es auch der jüdischen Messiaserwartung, daß der Verheißene dem Stamme Davids, dem Josef angehört, erwachsen wird, so besagt doch die Übergabe der Königherrschaft, daß Gott neu ansetzt. Denn nicht das Haus David wird neu herrschen, vielmehr: „Er wird über das Haus Jakobs in Ewigkeit herrschen, und seine Herrschaft wird kein Ende haben." Der Bund Gottes mit dem Könighaus David wird darin aufgegriffen und derart übersteigert, daß der Verkündigte zugleich Davidsohn und Gottessohn sein wird. Damit ist die messianische Heilszeit angebrochen, der alte Bund erfüllt: Jesus ist der verheißene Messias.

Herr, öffne uns, damit wir Deinen Anruf vernehmen und durch uns Christus lebendig werde in dieser Zeit.

Die Basilika der Verkündigung in Nazaret. – Die heutige moderne Kirche ist auf den Überresten einer dreischiffigen Kirche aus der Kreuzfahrerzeit errichtet. Sie überdeckt die Grotte, in der der Erzengel Gabriel nach christlicher Tradition Maria die Geburt Jesu verhieß.

Verkündigung

Du wirst ein Kind empfangen, einen Sohn wirst du gebären: dem sollst du den Namen Jesus geben. Er wird groß sein und Sohn des Höchsten genannt werden. Gott, der Herr, wird ihm den Thron seines Vaters David geben. Er wird über das Haus Jakob in Ewigkeit herrschen, und seine Herrschaft wird kein Ende haben.

Lk 1,31–33

Wohnte Gott im alten Bund im Tempel, nimmt er nun Wohnung unter den Menschen in deren Gestalt. Mit dieser Öffnung wird in das angebrochene Heil der gesamte Raum menschlicher Existenz einbezogen. Daß mit Jesus der Sohn Gottes geschichtlicher Mensch wird, damit holt Gott alles Begrenzte und Vergängliche menschlicher Geschichte in sein Reich ein und weist das Kurzlebige auf das Ewige, das Greif- und Meßbare auf das Unendliche, Unfaßliche aus. Durch diesen Jesus von Nazaret wird alles Irdische Teil des Gottesreiches und erhält seine neue Wertigkeit und Wesenhaftigkeit. Der Begriff der Geschichte und des Innerweltlichen wird aufgebrochen durch die Menschwerdung des Menschen- und Gottessohnes. Die Schwäche menschlicher Existenz wird zum Ort und zur Sprache Gottes. Ein für Juden wie Nichtjuden erschreckender Gedanke, der aber vom Engel beiseite geschoben wird. Wie Maria soll auch uns keine Furcht überkommen. Wer kann Gottes Heilswillen erforschen, sein paradoxes Handeln, in Schwäche seine Stärke zu erweisen, das Große im Kleinen zu vollbringen. Dem Menschen obliegt, allein sich diesem gegen alle menschliche Vorstellung handelnden Gott anzuvertrauen, das Ja wie Maria zu sprechen. Diese Überlassung erwidert Gott, wie schon im Namen Jesus (= Gott hilft) zum Ausdruck kommt. Das heißt aber, aus den menschlichen und enggefaßten Gottesvorstellungen auszubrechen. Maria ist gelungen, was für einen Juden an sich unvorstellbar ist. Denn Gott als der Einzige kann nach einem solcherweise monotheistisch geprägten Gottesbild keinen gezeugten Sohn haben. Doch legitimiert sich Jesus als Sohn Gottes durch die Empfängnis kraft Heiligen Geistes. Der Geist, der von Anbeginn war, schafft einen neuen Schöpfungsakt und ruft mit Jesus eine neue Schöpfung ins Leben. Damit wird Jesus nicht wie die Propheten zeitweilig vom Geist ergriffen, sondern ist als von ihm Gezeugter der Träger, der Besitzer dieses Geistes und kann ihn spenden. Wie Maria überschattet wird, anklingend an die Wolke Gottes, die über dem Offenbarungszelt schwebte, so wird die tätige Gegenwart und Herrlichkeit Gottes auch auf diesem Sohn liegen. In beidem wird aber das Geheimnis nicht aufgehoben, sondern fordert gläubige Annahme in freier Entscheidung heraus.

Deine Kraft, Herr, wirke auch jenseits aller menschlichen Vorstellung in uns, damit wir unser gläubiges Ja zu Deinem Geheimnis sprechen können.

Aus Nazaret

Obwohl schon lange vor Beginn unserer Zeitrechnung besiedelt und bis zum 7. Jahrhundert ununterbrochen von Juden bewohnt, wird der Ort weder im Alten Testament noch in den Schriften der Geschichtsschreiber erwähnt. Erst der im 8. Jahrhundert in dem Dorf Debir (Kiriat Sefer) lebende Poet Eleazar Kallir, der die synagogale Liturgie mit seinen Gesängen so wesentlich bereicherte, übermittelte uns ein Lied, aus dem 2. oder 3. Jahrhundert stammend, in dem Nazaret genannt wird.

Warum erscheint nun der Name Nazaret nirgendwo in der antiken Literatur?

Der Ort liegt im Herzen Galiläas, einer Landschaft, die von heidnischen Nachbarn umgeben war. Die Leute aus Galiläa, insbesondere die aus Nazaret, genossen einen schlechten Ruf, denn sie galten als furchtlos, ehrlich, aber auch als rauflustig und manchmal zu Gewalttätigkeiten neigend. In den Augen der gesetzestreuen Juden in Jerusalem waren sie halbe Heiden. Dazu sprachen sie einen harten, ländlichen, oft unverständlichen Dialekt, der oft genug den Spott der Menschen aus Judäa herausforderte. Wie leicht man die Galiläer an ihrer Sprache erkannte, schildert uns der Evangelist Matthäus: „... und als er zum Tor hinausgehen wollte, sah ihn eine andere Magd und sagte zu denen, die dort standen: der war mit Jesus aus Nazaret zusammen. Wieder leugnete er und schwor: Ich kenne den Menschen nicht. Kurz darauf kamen die Leute, die dort standen, zu Petrus und sagten: Wirklich, auch du gehörst zu ihnen, deine Mundart verrät dich“ (Mt 26,71–73).

Schon der Prophet Jesaja, den Jesus in seinen Reden mit Vorliebe zitierte, wetterte gegen Galiläa. „Einst hat er das Land Sebulon und das Land Naftali verachtet, aber später bringt er die Straße am Meer wieder zu Ehren, das Land jenseits des Jordan, das Gebiet der Heiden.“

Nach der Rückkehr aus dem babylonischen Exil vermischten sich die zurückgebliebenen Israeliten mit der heidnischen Bevölkerung, denn die Bewohner der Dörfer und Städte wurden nicht vertrieben, wie man früher annahm, sondern gingen in den neuen Sippenverbänden auf. So entstand aus der Verschmelzung ein neuer Menschenschlag: Geistig beweglicher, temperamentvoller und geselliger als die ernsten, schwerfällig wirkenden Menschen aus dem judäischen Bergland.

Aber neben dem sich nur langsam durchsetzenden Glauben an den einzigen, alleinigen, doch unsichtbaren Gott der Juden blieb Jahrhunderte hindurch der Polytheismus und der Glaube an die Geister und Dämonen, an denen die Bergwelt im Schatten des Hermon so reich war, weiterhin bestehen. Auf den Höhen der Berge befanden sich seit alten Zeiten die Altäre zahlreicher, fremder, oft Menschenopfer fordernder Götter.

Die Menschen errichteten ihre Häuser über den Höhlen, wo man den Wohnort der guten Hausgeister vermutete, um diese gnädig zu stimmen und dazu zu bewegen, den Schutz des Hauses und seiner Bewohner zu übernehmen.

Zur Zeit Jesu war der größte Teil Galiläas bereits jüdisch besiedelt, eine Folge der gewaltsamen Judaisierung durch Aristobul, den ersten König von Juda. Nazaret war der kleine, unbedeutende

Blick in die Altstadt von Nazaret. – Zur Zeit Jesu spielte Nazaret keine besondere Rolle, diese erhielt der Ort erst durch die christliche Tradition.

Marktflecken geblieben, an dessen einziger Quelle Karawanen, die fernab der Hauptstraße ihres Weges zogen, gelegentlich ihre Herden tränkten.

Doch an den Vorurteilen, ja an der Ablehnung all dessen, was aus Galiläa kam, hatte sich nichts geändert. Denn nach wie vor war man hier auf den Handel und die guten Beziehungen mit der heidnischen Umwelt angewiesen. Zwar war man ungeheuer stolz auf sein Jude-sein und die Zugehörigkeit zum Volk Gottes, doch lehnte man die kleinlichen, allzu strengen Vorschriften der Pharisäer über den Umgang mit den Heiden, eben aus dieser Zwangslage heraus, ganz entschieden ab.

Die Verachtung alles Galiläischen mag sich schon bald nach dem ersten Auftreten Jesu in seiner Heimat eher noch gesteigert haben. Wie anders könnte man sonst die harte Antwort des selbst aus Galiläa stammenden Natanaël erklären, der seinem Freund Philippus, als dieser ihm begeistert von seiner Begegnung mit Jesus berichtete, sagte: „Was kann aus Nazaret schon Gutes kommen?" Und als Nikodemus, Mitglied des „Hohen Rates" und selbst Pharisäer, im Gespräch mit seinen Kollegen sagte: „Verurteilt etwa unser Gesetz einen Menschen, bevor man ihn verhört und festgestellt hat was er tut?", antworteten ihm diese: „Bist du vielleicht auch aus Galiläa? Lies doch nach: Der Prophet kommt nicht aus Galiläa."

> Philippus traf Natanaël und sagte zu ihm: Wir haben den gefunden, über den Mose im Gesetz und auch die Propheten geschrieben haben: Jesus aus Nazaret, den Sohn Josefs. Da sagte Natanaël zu ihm: Aus Nazaret? Kann von dort etwas Gutes kommen?
>
> Joh 1,45 f

Nazaret wird weder im Alten Testament, noch in der talmudischen Literatur, noch bei Josephus Flavius genannt. Ein unbedeutender Ort also, abseits vom Verkehr. Mit der Bezeichnung „Stadt“ in den Evangelien werden falsche Vorstellungen geweckt. Niemand vermutet hier Größe oder die Herkunft von Großem und Großen. Dieser Ort im geschichtlich-politischen Dunkel tritt erst mit der Nennung in der Verkündigungsszene ins Licht. Doch damit und als Heimatort Jesu, wo er aufgewachsen ist, und seiner Familie, hat er für die Juden immer noch keine Bedeutung erlangt. Sie erwarten den Messias wohl am wenigsten aus Nazaret. Es ist ihnen unvorstellbar, daß der Messias aus Galiläa stammen soll. „Kommt denn der Prophet aus Galiläa?“ (Joh 7,41) Die Behauptung, von Philippus vorgetragen: „Wir haben den gefunden, über den Moses gesprochen und auch die Propheten geschrieben haben: Jesus aus Nazaret, der Sohn Josefs“ (Joh 1,45), löst bei Natanaël nur Spott aus: „Aus Nazaret? Kann von dort etwas Gutes kommen?“ (Joh 1,46) Da er aus dem angesehenen Kana stammte, konnte er stolz auf Nazaret herabsehen. Entgegen der jüdisch-messianischen Erwartungshaltung, die Nazaret als Herkunftsort des Messias völlig ausschloß, wählt Gott hierfür aber gerade die Unbedeutsamkeit dieses Dorfes. Liegt hier nicht ein Grundzug göttlichen Handelns, der sein Gegenstück in der Wahl des galiläischen Mädchens Maria besitzt und von ihr in dem Wort zusammengefaßt wird: „Und erhöht die Niedrigen“ (Lk 1,52)?

Diese Gegensätzlichkeit zur Messiaserwartung des Judentums muß Widerspruch und Unverständnis hervorrufen, ein Nichtverstehen, das sich dann auch auf Jesus und seinen Anspruch überträgt. Doch gerade hier setzt die Entscheidung des Glaubenden an: alle menschlichen Denkweisen göttlichen Handelns ablegend sich allein auf das die Vorstellung und Erwartung übersteigende Wirkung Gottes einzulassen. So wurde Maria gefordert. In diesen Entscheidungsprozeß wird ein jeder Mensch gestellt sein, der den Weg Jesu beschreiten und teilhaben möchte am neuen Gottesreich. Diese neue Herrschaft kann bestehende Wertigkeiten verkehren wie bestätigen. Gott macht allein in seiner Weise wahr, was er von Anfang an uns Menschen zugedacht hat: Unsere Erlösung, unsere Befreiung. Vielleicht bricht er auch deshalb mit den zeitgenössisch-messianischen Vorstel-

Blick auf Nazaret. – Im Bild links die Verkündigungskirche.

Marktszene in Nazaret. – So ähnlich mag auch der Markt zur Zeit Jesu ausgesehen haben.

lungen des Judentums, um uns so in den Raum seiner Freiheit zu führen. Schon am Anfang seines irdischen Lebens wird der Weg Jesu von der Freiheit gekennzeichnet, aus der er lebte, die er verkündete. Im geringgeachteten Nazaret, weit entfernt vom offiziellen Judentum, bildet sich das wahre Israel, oder besser: setzt sich das Gottesvolk aus der alten Wurzel in einem neuen Triebe fort.

Hole uns heraus, Herr, aus all unseren Vorstellungen und Bindungen, die uns gefangenhalten und um die Freiheit der Kinder Gottes bringen.

Aus dem Geschlecht Davids

> Nach Jerusalem, deine Stadt, kehre zurück in Erbarmen. Wohne in ihrer Mitte wie du versprochen. Baue sie auf, bald, in unseren Tagen als ewigen Bau.
> Den Thron Davids richte bald auf in ihrer Mitte.
> Gelobt seist du, Herr.
>
> Aus dem „Achtzehngebet“

Im ersten Buch Samuel wird uns David, der zweite König Israels, als wortgewandter, tapferer Krieger geschildert, als ein Mann von schöner Gestalt, mit dem Gott ist.

Der Prophet Samuel, der König Saul salbte, ging auf Gottes Befehl im geheimen nach Betlehem auf der Suche nach einem neuen König.

Das Alte Testament schildert uns, daß das Zitherspiel des jungen David den alternden, immer öfter in Depressionen verfallenden König aufheiterte.

Doch mit den militärischen Erfolgen, die David errang, stieg auch sein Ansehen im Volk, wuchs seine Beliebtheit, so daß die einstige Zuneigung, die König Saul für David empfand, aus verletzter Eitelkeit in mörderischen Haß umschlug. Mehrmals schonte der junge David das Leben seines Schwiegervaters, so in der Oase En Gedi am Toten Meer. Doch der Haß Sauls war unversöhnlich, so daß David schließlich sich bei seinen früheren Erzfeinden, den Philistern, in Sicherheit bringen mußte, wo er sich ein Jahr und vier Monate aufhielt.

Nach dem Tode Sauls in der Schlacht auf den Bergen von Gilgoa wurde David gekrönt, er war gerade 30 Jahre alt geworden. Er machte Hebron, wo sich die Gräber der Patriarchen befinden, zu seiner Hauptstadt. Nach der Eroberung Jerusalems gelang es ihm, im diplomatischen Ränkespiel die verfeindeten Stämme zu einigen und die scharfen Gegensätze zwischen Juda und Israel abzubauen. Die Nation war vereint.

Jerusalem wurde zur politischen Hauptstadt des Königreiches. Als er dann noch die Bundeslade nach Jerusalem überführte, wird diese Stadt auch zum religiösen Zentrum der Israeliten und blieb es bis in unsere Tage für das Judentum.

König David war der Liebling seines Volkes, der große Feldherr und geniale Politiker, der Poet und Diplomat, ein König, der selbst jeden Prunk für sich ablehnte, auf dem das Auge Gottes wohlgefällig ruhte. Viele Psalmen und die Liturgie für den von seinem Sohn Salomo erbauten Tempel werden ihm zugeschrieben. Er war gottesfürchtig und ein reuiger Sünder zugleich. Kein Wunder, daß sich das Volk im babylonischen Exil an die Führereigenschaften dieses Königs mit Wehmut erinnerte. Er wurde zum Ideal des weltlichen Königs.

So erscheint es uns allzu verständlich, daß der Messias, der zukünftige Herrscher, in der Vorstellung der Menschen nur aus dem Hause Davids kommen konnte.

So zog auch Josef von der Stadt Nazaret in Galiläa hinauf nach Judäa in die Stadt Davids, die Betlehem heißt; denn er war aus dem Haus und Geschlecht Davids. Er wollte sich eintragen lassen mit Maria, seiner Verlobten, die ein Kind erwartete. Als sie dort waren, kam für Maria die Zeit ihrer Niederkunft.
Lk 2,4–6

Das kleine Betlehem hat in Israels Geschichte einen Ehrenplatz. Rachel hat in seinem Norden späterer alttestamentlicher Überlieferung nach ihr Grab. In Betlehem wohnte Rut mit ihrer Schwiegermutter Noomi. Hier wurde David geboren, weidete die Herden seines Vaters und wurde von Samuel zum König gesalbt. Daran knüpft dann die jüdische Erwartung an, der Messias werde aus Davids Geschlecht und aus dem Dorf Betlehem kommen, wie sie durch den Einwand eines Juden beim Auftreten Jesu im Tempel zum Ausdruck kommt: „Sagt nicht die Schrift: Der Messias kommt aus dem Geschlecht Davids und aus dem Dorf Betlehem, wo David lehrte?“ (Joh 7,42) Ebenfalls stellt ein Mitglied des Hohen Rates auf das Einlenken des Nikodemus hin fest: „Der Prophet kommt nicht aus Galiläa“ (Joh 7,52 b). Diese Fixierung auf Betlehem findet ihre Bestätigung noch durch die Verheißung des Propheten Micha. „Aber du, Betlehem-Efrata, so klein unter den Gauen Judas, aus dir wird mir einer hervorgehen, der über Israel herrschen soll. Sein Ursprung liegt in ferner Vorzeit, in längst vergangenen Tagen.“ (Mich 5,1). Beides, die Abstammung aus dem Hause Davids und die Geburt in Betlehem, trifft auf Jesus zu. Daß Josef und Maria aufgrund der angeordneten Einschreibung von Grund- und Hausbesitz wie der Steuerschätzung von Nazaret nach Betlehem ziehen mußten, ist entscheidend für die dortige Geburt Jesu. Zum anderen wird durch die Einordnung in die Weltgeschichte und ihre politischen Umstände herausgehoben, daß sich in ihr Heilsgeschichte entwickelt, die aber die Mitte der Welt von Rom und seinem augusteischen Friedensreich in das davidische Betlehem verlagert. In dieser Heilsgeschichte nimmt durch die Geburt Jesu das neue Gottesreich des unendlichen Friedens und Heils seine wirkende Gestalt an, und der Befehl des Augustus, dem Herodes d.Gr. nachkommt, wie alle anderen geschichtlichen Abläufe werden in ihren Dienst gestellt. Bis sich die Verheißung des Propheten Micha über Betlehem-Efrata erfüllen kann, damit aus dem Unbeachteten, dem Kleinsten eine augenblickliche Weltmitte werden kann, muß sich eine ganze Welt in Bewegung setzen, die um diese Indienstnahme selbst nicht weiß, weil ihr die Erkenntnis der Heilsführung versagt ist. Alles hat sich dem einzigen Ratschluß Gottes unterzuordnen, der sich aber nur dem Glaubenden erschließt. Wenn Paulus schreibt, er sei auserwählt, „das Evangelium zu verkünden, ... das Evangelium von seinem Sohn, der dem Fleische nach geboren ist als Nachkomme Davids“ (Röm 1,1.3), dann steht hinter diesem ältesten schriftlichen Niederschlag urchristlicher Überlieferung der Ansatz für die Antwort auf die Fragestellung: Wer ist dieser? Mit Jesus gehen die Verheißungen der Vorzeit in Erfüllung, die den Herrscher- und Messiaskönig aus dem Davidsgeschlecht verkünden.
Wie der kleinste der Söhne Isais aus der Enge Betlehems zu dem bekannten König David aufstieg, so erwächst aus diesem engen, in seiner Armseligkeit bedrückenden Ort der davidische Messias Jesus. Das Wissen um Abstammung und Geburtsstadt weckt aber noch keinen Glauben an ihn. Erst recht wird eine derartig versuchte Beweisführung durch die Art und Weise der Geburt in einer Höhle zunichte gemacht. Denn die Geburt Jesu in einer Höhle widerspricht der landläufigen jüdischen Messiaserwartung. Daß hier Jesus, der Messias, der Sohn Gottes, geboren wird, ist in die freie Entscheidung des Glaubenden gestellt. Ein roter Faden, der sich durch das gesamte Leben und Wirken Jesu zieht.

Herr, laß uns allein auf Dein Wort hin glauben, damit Du in uns neugeboren wirst.

Der Platz vor der Geburtskirche in Betlehem. – Nicht eindringlich genug kann gezeigt werden, daß an dem Ort, an dem vor fast 2000 Jahren die Engel allen Menschen, die guten Willens sind, den Frieden auf Erden verkündeten, heute Unruhe und Gewalt herrschen. Sogar an der Stelle der Geburt des Herrn muß der äußere Friede mit Waffengewalt verteidigt werden.

Die Engel

Seht, ich sende meinen Boten; er soll den Weg für mich bahnen. Dann kommt plötzlich zu seinem Tempel der Herr, den ihr sucht, und der Bote des Bundes, den ihr herbeiwünscht. Seht, er kommt, spricht der Herr der Heere.

Mal 3,1

Mit Moses sprach Gott noch direkt von Angesicht zu Angesicht, doch seit dem Tode des großen Propheten zeigte er sich nie wieder den Menschen, sondern bediente sich der Engel als seinen Boten an die Propheten. Doch erst mit diesem göttlichen Auftrag versehen, werden aus Boten „Engel". Vielfältig wie ihre Aufgaben sind auch ihre Erscheinungsformen. So begegneten sie den Menschen der nachexilischen Zeit oft in Menschengestalt als strahlende, leuchtende Wesen, die das Auge blendeten. Wie immer ihr Auftrag auch lautete, stets waren sie die treuen Diener Gottes.

So mag das Feld ausgesehen haben, wo die Hirten lagerten, als ihnen die Engel die frohe Botschaft von der Geburt Christi verkündeten. Im Hintergrund des Bildes sieht man Betlehem.

Selbst Satan, der als Ankläger vor dem Thron Gottes erscheint, ist anfänglich noch Gott untertan. Die Schriften des Alten Testaments kennen viele Namen für diese überirdischen Wesen. Sie werden als himmlische Heerscharen, Himmelssöhne, die Söhne Gottes oder Heilige oder aber auch einfach nur als Männer bezeichnet, wie im Buch Genesis, wo drei Männer dem Abraham unter den Eichen von Mamre erscheinen und ihm die Freudenbotschaft übermitteln, daß seine Frau trotz fortgeschrittenen Alters noch einen Sohn gebären wird.

Mit der Eroberung Jerusalems und der Verschleppung des Volks schien Gott sein Volk verlassen zu haben. Von nun an wird im Denken alles Heilige und Göttliche von dem Profanen, Menschlichen strengstens getrennt.

Unter offensichtlich persischen Einflüssen bedient sich Gott immer mehr seiner sichtbaren Boten. Die Engel werden zu Legionen, die dem Menschen in verschiedensten Gestalten erscheinen, wie bei Ezechiel 1,4–14 in einer Feuerwolke als strahlende Wesen mit vier Gesichtern, vier Füßen und mit Flügeln.

Im neunten Kapitel des gleichen Buches erscheinen dann 6 Engel mit Zerstörungswerkzeugen, um Jerusalem dem Erdboden gleichzumachen. Einer von ihnen, in Leinen gekleidet, trug ein Schreibzeug an seiner Seite, um auf Befehl Gottes ein „T" auf die Stirnen aller Gesetzestreuen und Gottesfürchtigen zu zeichnen, damit sie von der Vernichtung verschont bleiben. In diesem „Schreiberengel" läßt sich eine gewisse Ähnlichkeit mit dem babylonischen Gott Nabu, den sich die Babylonier auch mit einem Schreibrohr vorstellten, erkennen.

Genauso vielfältig wie ihre Erscheinungen sind aber auch die Aufgaben dieser göttlichen Boten. Beim Auszug aus Ägypten übernahmen sie den Schutz der Kinder Israels. Sie zerstörten Sodom und Gomorra oder bestraften, wie im Buch Ezechiel, die Stadt Jerusalem.

Sie zeigten sich als Boten, die den Frieden unter die Menschheit tragen sollen.

Auf dem Heimweg von der Synagoge wird der Fromme von einem guten und einem bösen Engel begleitet.

Bei Ijob bilden sie den Chor, der jubelnd das Loblied des Schöpfers singt.

Und schließlich hat der furchtbarste aller Engel, der Todesengel, den Sterbenden zu küssen.

Mit dem sich in späterer Zeit immer mehr entwickelnden Engelsglauben wuchs auch ständig deren Zahl. Sieben Erzengel wurden eingesetzt, die menschliche Namen trugen und deren Aufgabe es war, die Dämonen zu bekämpfen.

Doch scheint es, daß sich die Menschen jener Zeit mit dem Engelsglauben auch immer mehr von dem unsichtbar gebliebenen Gott entfernten.

> In jener Gegend lagerten Hirten auf freiem Feld und hielten Nachtwache bei ihrer Herde. Da trat der Engel des Herrn zu ihnen, und der Glanz des Herrn umstrahlte sie. Und plötzlich war bei dem Engel ein großes himmlisches Heer, das Gott lobte und sprach:
>
> Verherrlicht ist Gott in der Höhe,
> und auf Erden ist Friede
> bei den Menschen seiner Gnade.
>
> Lk 2,8 f.13 f

Wer die Hirten und Herden im jüdischen Bergland sieht und ihre Bedeutung für die Menschen ermißt, versteht den häufigen Gebrauch des Bildes vom Hirten und den Schafen. Auf Gott wendet der Jude dieses Bildwort ebenso an wie er die von Gott Gerufenen als Hirten fast idealisierend kennzeichnet. So waren die Väter des Glaubens Hirten. Auch David wurde von der Herde weg zum König und Amos zum Propheten von Gott gerufen. Das in der Geburtszählung auftauchende Motiv der Hirten und der Davidsstadt erinnert darum an die messianische Bestimmung Jesu, der aus Betlehem hervorgehende davidische Hirte des Volkes Israel zu sein. Doch wird diese noch weiter untermauert. Der Glanz des Herrn, welcher die Hirten umstrahlt und von Jesaja ebenso wie in der Offenbarung des Johannes für die Endzeit verheißen ist, weist auf den Einbruch Gottes hin. In der Geburt des Kindes beginnt die Endzeit Gottes, die Erfüllung der Zeit. Die Furcht der Hirten wie der Stammeltern (Gen 3,8–10) und des Mose (Ex 3,6) vor dem sich offenbarenden Gott hat von nun an ein Ende: „Fürchtet euch nicht" (Lk 2,10). Mit der Geburt des Menschen- und Gottessohnes hat sich der geschichtliche Einschnitt ereignet, eine Zeitwende. Die Furcht hat der Freude zu weichen, denn die Herrlichkeit Gottes wirkt heute, hier, in allen Tagen. Das angebrochene messianische Heil ist die Verherrlichung Gottes. Mit der Sendung und Geburt des Messias hat sich Gott in außerordentlicher Weise selbst verherrlicht. Das von ihm so gestiftete Heil gilt allen Menschen, nicht mehr allein dem jüdischen Volk. Gott neigt sich mit der Geburt und Verherrlichung allen Menschen zu. Die „Freude, die dem ganzen Volk zuteil werden soll" (Lk 2,10), greift weit über Israel hinaus, schließt niemanden aus. Das Licht dieser Nacht strahlt allen Menschen auf und wendet sich im Wirken des Neugeborenen als Heilsangebot Gottes allen ohne Einschränkung zu.

Gott und Vater, laß uns einstimmen in den Lobpreis Deiner Herrlichkeit, die Mensch wurde in Deinem Sohn, damit wir Frieden und Heil erfahren.

Der Evangelist Lukas. – Holzschnitt aus der Neunten deutschen Bibel von 1483.

Die Königswürde

Ich selber habe meinen König eingesetzt, auf Zion meinem heiligen Berg.
Ps 2,6

Im 11. vorchristlichen Jahrhundert lebte in Rama, im Gebirge Efraim, der letzte der Richter, der große Prophet Samuel. In dieser Zeit der großen Not und der furchtbaren Bedrohung von außen – die Philister hatten in der Schlacht von Afek die „Heilige Bundeslade" erobert – befand sich das Volk in tiefster Depression. Der nationale Niedergang und damit auch der Abfall vom Glauben zeichneten sich ab.

Kloster des hl. Theodosius. – Nach der Tradition nächtigten hier die Weisen aus dem Morgenlande auf ihrer Rückkehr in die Heimat, nachdem ihnen im Traum Gott die Weisung gegeben hatte, nicht mehr zu Herodes nach Jerusalem zurückzukehren.

Der Mosesberg im Sinai. – Das Sinai-Gebirge hat für das Volk Israel immer eine besondere Bedeutung gehabt. Hier lebte das Volk 40 Jahre lang nach dem Auszug aus Ägypten unter der Führung von Mose, bis es endlich das gelobte Land in Besitz nehmen konnte.

Da entschloß sich Samuel, obwohl bereits im fortgeschrittenen Alter, wenn auch nur sehr zögernd und mit Widerwillen, seinen ganzen Einfluß und seine Wortgewaltigkeit für die Errichtung eines irdischen Königreiches einzusetzen. Denn er sah zunächst in der Einsetzung eines weltlichen Königs einen klaren Bruch des Bundes mit dem Ewigen, der seit Jahrhunderten auch der irdische Herrscher seines Volkes war und in dessen Namen die weltlichen wie die religiösen Gesetze erlassen wurden.

Die nationale Königswürde galt als etwas Unisraelitisches, zumal eben mit Recht von deren Gegnern befürchtet wurde, daß durch politische Bündnisse, Zweckheirat und durch die normalen Beziehungen zur heidnischen Umwelt verstärkt den Glauben gefährdende, fremde Einflüsse ihren Einzug halten könnten.

Doch das Volk, in seiner nationalen Existenz bedroht, rief nach einem weltlichen, sichtbaren König, wie ihn die heidnischen Völker der Nachbarschaft längst kannten, nach einem Herrscher, dessen vornehmste Aufgabe es sein sollte, das Volk wieder zu vereinen, den Dienst an Gott wieder zu fordern und notfalls dafür auch in den Krieg zu ziehen.

So wandte sich Samuel in seiner Verzweiflung, als das Drängen des Volkes aus Angst vor dem drohenden Untergang immer mächtiger wurde, an seinen Schöpfer.

Und Gott antwortete ihm: „Höre auf die Stimme des Volkes in allem, was sie zu dir sagen. Denn nicht dich haben sie verworfen, sondern mich haben sie verworfen. Ich soll nicht mehr ihr König sein" (1 Sam 8,7).

So salbte Samuel im Auftrag Gottes den Saul aus dem Stamme Benjamin zum ersten König Israels, in dem sich alle menschlichen Vorzüge, kraftvolle Schönheit und Heldenmut, zu vereinen schienen. Und Saul wurde durch diesen Akt zum „Gesalbten Jahwes", zum Vollstrecker göttlichen Willens.

Auch die Gegner eines weltlichen Königs ließen sich jetzt von der Begeisterung der Massen mitreißen, und so darf es uns nicht verwundern, daß mit der Rückkehr aus dem Exil die Sehnsucht nach dem Glanz und der königlichen Macht vergangener Zeiten im Volk wieder übermächtig wurden.

Als Jesus zur Zeit des Königs Herodes in Betlehem in Judäa geboren worden war, kamen Sterndeuter aus dem Osten nach Jerusalem und fragten: Wo ist der neugeborene König der Juden? Wir haben seinen Stern aufgehen sehen und sind gekommen, um ihm zu huldigen.

Mt 2,1 f

Die immer wieder aufleuchtende und in dem Evangelium beantwortete Frage ist: „Wer ist dieser?" (Mk 4,41) Diese Fragestellung bestimmt auch die Geschichte von den drei Weisen. Wie der Prophet Bileam wissend um den „Stern aus Jakob" (Num 24,17) „aus den Bergen des Ostens" (Num 23,7) kommt und so den Retter Israels schaut, so kommen auch die Sterndeuter aus dem Osten, um dem neugeborenen „König der Juden" (Mt 2,2) zu huldigen. In diesem Titel, der nur noch im Leidensbericht wiederkehrt und als „König Israels" (Mt 27,42) von den jüdischen Gegnern Jesu im Spott ausgesprochen wird, wird der messianische Anspruch herausgestellt. Denn Jesus ist der – so auch im jüdischen Denken erwartete – Messiaskönig. Auf diese Königswürde verweisen ebenso die Geschenke der Sterndeuter. Schon bei Jesaja (Jes 60,6) werden sie genannt. Zur jüdisch-messianischen Erwartung gehört auch, daß die Vertreter der Heidenvölker in der Endzeit kommen und dem König Israels mit Geschenken huldigen werden. Damit verweist der Zug der Sterndeuter auf die endzeitliche Wallfahrt aller Völker. Zugleich wird aber auch der Charakter des neuen Gottesvolkes gekennzeichnet, das sich aus allen Menschen, Juden und Heiden, bildet. Israel hat keine Heilsgarantie. Die Kirche ist das neue Israel, das sich über die Grenzen des Gottesvolkes von Anbeginn in ihr bildet. Hervorgehoben wird diese Heilszusage noch durch das Verhalten Jerusalems. Es erschrak angesichts des neugeborenen Königs der Juden. Statt mit den Sterndeutern zu ziehen, um ihm ebenfalls zu huldigen, offenbart sich hier Jerusalem und damit das offizielle Judentum als Stadt, die sich dem Messias verweigert, die Stadt der Prophetenmörder (Mt 23,37–39), die Stadt des Ungehorsams. Damit bringt sie sich selbst um die Verheißung, Friedensstadt zu sein (Jes 2,2–5).

Während Jerusalem den Willen Gottes verachtet, sehnen sich und streben die Heiden, vertreten durch die Sterndeuter, nach dem Heil. Sind es zunächst auch nur wenige, ihre Zahl wird sich mehren. Das ist nicht nur Hoffnung, dahinter steht die Erfahrung der jungen Kirche, daß Menschen aller Rassen, Juden und Heiden, zusammenfinden zum endzeitlichen Gottesvolk. Den Hinweis, wo der neugeborene König der Juden zu finden sei, geben den Sterndeutern jüdische Schriftgelehrte. Warum, so mag man vielleicht fragen, verweigern sie trotz ihres Wissens dem Neugeborenen die Huldigung? Statt einer antijüdischen Tendenz nachzugehen, fordert dieser Text auch den christlichen Leser. Entscheidend ist nicht, um Jesu zu wissen. Entscheidend ist vielmehr die gläubige Zuwendung. Und diese Diskrepanz hat gerade heute an Aktualität im christlichen Bereich gewonnen.

Mit allen, die sich nach Dir und Deinem Heil sehnen, Herr, wollen wir uns auf den Weg machen, an dessen Ende unser gläubiges Ja stehen möge.

Die Flucht

Da erschien dem Josef im Traum ein Engel des Herrn und sagte: Steh auf, nimm das Kind und seine Mutter, und flieh nach Ägypten; dort bleibe, bis ich dir etwas anderes auftrage; denn Herodes wird das Kind suchen, um es zu töten. Da stand Josef in der Nacht auf und floh mit dem Kind und dessen Mutter nach Ägypten.

Mt 2,13 f

Den jüdischen Rabbinern galt der Auszug aus Ägypten als Vorbild der messianischen Erlösung. Sie erwarten für die Endzeit die Errettung des Volkes in einem Exodus ähnlicher Weise, wohl gestützt auf das Wort der Abschiedsrede des Mose: „Einen Propheten wie mich wird der Herr erwekken" (Dtn 18,15). Die Mose-Überlieferung beeinflußt tief das jüdische Denken. Er gilt als der Gottesmann, der seine Autorität unmittelbar von Jahwe ableiten konnte. Hier setzt Matthäus an und läßt in seiner Kindheitsgeschichte die Gestalt des Mose – wenn auch ungenannt – aufleuchten, um zu zeigen: Jesus ist der zweite Mose. Dieser Vergleich zwischen Mose und Jesus zeigt sich darin, daß Moses vor dem Pharao und seinen Tötungsabsichten fliehen mußte. Doch nach dessen Tod kehrte er nach Ägypten zurück, um dann sein Volk ins verheißene Land zu führen. Jesus muß vor dem Mordplan des Herodes nach Ägypten fliehen. Nachdem Herodes gestorben war, zieht er aus Ägypten durch die Wüste nach Israel, um seinem Volk die Erlösung zu bringen. Hierin wiederholt sich die Geschichte des Mose wie des alttestamentlichen Gottesvolkes. Sind das Schicksal Israels und Mose Vorbild, kommt nun deren Geschichte zur Vollendung. Das – auch im wörtlichen Sinne – Vorläufige wird in Jesus zum Endgültigen, zum Endzeitlichen. Hatte Israel vor der Landnahme mit äußeren Feinden zu kämpfen, ist es die Bestimmung Jesu, die Rettung von den Sünden zu bringen (Mt 1,21). Bittet Mose Gott um Vergebung für das widerspenstige Volk, so geschieht die Erlösung von den Sünden durch Jesus. Was war, was den Vätern verheißen wurde, erfüllt sich nun in dem Begründer des neuen Gottesvolkes, der von Gott wie Moses aus Ägypten gerufen und geführt wird, nachdem der Stamm Davids im Absterben begriffen ist.

Die Geschichte Israels, die schon auf diesen Retter verweist, ist der Grund, auf dem die Heilsgeschichte, beginnend mit Jesus von Nazareth steht. Dieser zweite Mose greift das Schicksal Israels wieder auf, vollendet das Schicksal des Mose, setzt aber dann neu an. Deutlich wird dies dadurch, daß er im gemiedenen halbheidnischen Galiläa in dem Ort Nazaret Wohnung nimmt und aufwächst. Hier klingt mit Nazaräer auch das Wort Nossri oder Nesser an, der Schoß einer Pflanze. Nach dem Propheten Jesaja (Jes 11,1) wird der Messias wie ein Zweig aus der Wurzel eines abgehauenes Baumes hervorsprossen. Damit wird aber eine gänzliche Wiederholung der Mose-Überlieferung wie der Auszugsgeschichte unterlassen und der Anspruch wie die Autorität Jesu, Mose noch zu übertreffen, hervorgehoben. Diese Aussage wird sich in den Antithesen der Bergpredigt „Ich aber sage euch" noch verstärken.

Das neue Gottesvolk, das sich Gott erwählt, nimmt mit Jesus seinen Anfang dort, wo auch schon das Volk des Alten Bundes Gottes Führung erfahren hat: „Aus Ägypten habe ich meinen Sohn gerufen“ (Hos 11,1). Diese Prophetenstelle darf mit dem Begriff „Sohn“ nicht auf Jesus enggeführt werden, sondern bezeichnet das Volk Israel insgesamt. Unterscheidet sich die Ursprungsgeschichte des neuen Gottesvolkes also nicht von der des alttestamentlichen Israels, so bleibt es aber nicht bei einer gebietsmäßigen Landnahme. Die Geschichte Gottes mit seinem Volk, menschgeworden in Jesus von Nazareth, führt weit darüber, weltumfassend hinaus. Damit ist die Endzeit angebrochen, und alle prophetischen Verheißungen Gottes an sein Volk bis zurück zu den Anfängen der Erwählung haben sich erfüllt.

Herr, Du führst Dein Volk seit Anbeginn. Laß uns unter Deiner erwählenden und rettenden Hand leben.

Die Wüste von Judäa erstreckt sich von Jerusalem ostwärts bis zum Jordantal und dem Toten Meer.

Umkehr

> Im siebten Monat, am zehnten Tag des Monats, sollst du das Signalhorn ertönen lassen; am Versöhnungstag sollt ihr das Horn im ganzen Land ertönen lassen.
>
> Lev 25,9

Die jüdische Überlieferung bringt den Schofar mit Abraham in Verbindung, der anstelle seines Sohnes Isaak einen Widder opferte, der sich mit seinen „Hörnern“ im Gestrüpp verfing.

Der Schofar, das Widderhorn, mit seinem seltsam aufrüttelnden Klang wird im Judentum seit biblischer Zeit am Neujahrsfest und am Ausgang des Versöhnungstages geblasen. Sein klagender Ton war Kriegsruf und Siegesfanfare zugleich. Noch zur Zeit des zweiten Tempels wurde er auch zu Beginn und zum Ende des Sabbats geblasen. Der Schofar verkündete die Salbung eines Königs, wie es uns im Buch 1. Kön 1,34 zur Kenntnis gebracht wird.

Heute ertönt das Schofar auch bei der Vereidigung eines neuen Staatspräsidenten in Israel.

Der Klang des Schofar soll uns an die Erschaffung der Welt, an das Geschehen im Sinai und an die Zerstörung des Tempels erinnern.

Er soll uns aber auch an unsere Sünden ermahnen.

> In jenen Tagen trat Johannes der Täufer auf und verkündete in der Wüste von Judäa: Kehrt um! Denn das Himmelreich ist nahe.
>
> Mt 3,1 f

Johannes leitet nach allen Evangelien das Auftreten Jesu ein. Nach Lukas lebt er nach seiner Kindheit in der Wüste. Damit wird an die Wüstenzeit Israels angeknüpft. Die Wüste wurde von den Propheten als Ort des Heils, des Gerichts wie der Gottesnähe gedeutet. Für die jüdisch-endzeitliche Erwartung wird die Wüste zum Heilsort schlechthin; hier ist die Stätte der Umkehr und Hinwendung zu Gott, hier wird sein Heil offenbar, das derjenige erfährt, der sich der Wüste aussetzt. So erwartet auch die Gemeinde von Qumran die endzeitliche Schau Gottes, sein Reich in der Wüste. Aus der Wüste kommt das Heil, erschallt der Ruf der anbrechenden Gottesherrschaft. Die gesamte alttestamentliche Messiaserwartung wird von Johannes ausgerufen, nicht jedoch als zeitlich unabsehbare Verheißung, sondern als Schwellenruf des nahenden Gottesreiches. Faßt Matthäus auch die Botschaft des Johannes und Jesu mit denselben Worten zusammen: „Kehrt um, denn das Himmelreich ist nahe“ (Mt 3,2 und 4,17), so wird dieses Wort mit den beiden in Verbindung gesetzten Prophetenworten einmal als Endruf des Alten Bundes, zum anderen als Erfüllung der prophetischen Verheißung gezeichnet. Das nahende Himmelreich bezeichnet die neue Ordnung der

Dinge, den neuen Himmel und die neue Erde, in denen Gott allein herrschen wird. Sieht Johannes diese Gottesherrschaft unmittelbar bevorstehen, tritt Jesus mit dem Anspruch auf, daß sie mit ihm, in Jesu Wort und Tat schon erschienen ist. Wie die Propheten des Alten Testamentes verkündet Johannes Gottes Wirken und Handeln, seine Zuwendung zu den Menschen, indem er handelnd eingreift. Mit Jesus ist dann der Eingriff Gottes erfolgt und Gottes Tat wird menschgeworden sichtbar. Damit endet die Zeit des Alten Bundes. Johannes, der mit seinem Auftreten an Elija, den ersten Propheten, erinnert, schließt den Prophetenkreis und damit die messianische Erwartungszeit ab. Denn nach dem Wort des Propheten Maleachi wird Elija am Ende wiederkehren und das Kommen des Messias vorbereiten. Ist es doch alter jüdischer Glaube, daß die Endzeit wie der Anfang sein wird. Dieser Johannes, der neue Elija, ist der messianische Herold, der mit seinem an Ezechiel mahnende Umkehrruf die Verheißung des Lebens denen zuspricht, die sich auf die Umkehrung des gesamten Verhältnisses zu Gott einlassen (Ez 18,30–32). Doch folgt entgegen gleichzieligen prophetischen Mahnrufen und Gerichtsdrohungen bei Johannes die hoffnungsvolle Zusage vom Himmelreich, von der Gottesherrschaft. Die von Johannes geforderte Umkehr wird schon gezeichnet vom kommenden Heil, bestrahlt vom Licht, das in Jesus der Welt aufgeht.

Daß wir aus den vielen Stimmen, die an unser Ohr dringen, den Ruf zur Umkehr um Deines Reiches willen hören, darum bitten wir Dich, umwerbender Gott.

Die Taufe des Herrn.
Holzschnitt von Johann Zainer, 1486.

Qumran. – In diesen Felshöhlen wurden im Frühling 1947 durch einen Hirten Handschriften gefunden, die bald unter dem Begriff „Textrollen vom Qumran" weltberühmt werden sollten. Mit diesen und späteren weiteren Textfunden erhielt die Bibelwissenschaft entscheidende Impulse. Die wichtigste Handschrift, die in Qumran gefunden wurde, ist eine vollständige Jesajarolle. Ein weiterer wichtiger Fund enthielt große Reste einer Psalmenrolle, dazu noch eine große Menge von Textfragmenten verschiedener Propheten.

Stolze Heilsgewißheit

Ohne Frage haben die Rollenfunde vom Toten Meer und eine intensive Qumran-Forschung das Dunkel erhellt, welches so lange über den Essenern lag. Doch viele Einzelheiten liegen weiterhin unter dem Schleier des Geheimnisses verdeckt. So wissen wir noch immer nicht genau, ob die Leute von Qumran eine eigene religiöse Bewegung waren oder Teil der Essener. Auch die uns überlieferten Mitgliederzahlen sind recht widersprüchlich.

Wahrscheinlich waren die im Kapitel „Die Pharisäer" erwähnten Chassidim der vorpharisäischen Zeit auch die Vorläufer der Essener. Doch spätestens in der Mitte des 2. Jh. teilten sich die Wege der Pharisäer und der Essener. Die letzteren errichteten im ganzen Land verstreut ihre Niederlassungen, die aber nicht alle klösterlichen Charakter trugen. Etwa um 136 v. Chr. entstand dann auch die Siedlung Qumran, beschützt von einer kleinen festungsähnlichen Anlage und mit einem wohldurchdachten Zisternen- und Wasserleitungssystem, welches die vielen Badeanlagen für die rituellen Waschungen mit Wasser zu versorgen hatte. Die Qumran-Gemeinde, ein asketisch-mystischer Orden, separisierte sich von Jerusalem, da sie die Gesetzmäßigkeit der dortigen Priesterschaft nicht mehr anerkannte. Denn Simon, der Makkabäerfürst, war ja nicht nur weltliches Oberhaupt, sondern hatte, wie seine Vorgänger, auch die Funktion eines Hohenpriesters übernommen. Dieser mußte jedoch ein Nachkomme Zadoks aus aaronitischem Geschlecht sein.

Auch theologisch hatte man sich in Qumran von Jerusalem weit entfernt. So glaubte man, daß Gott von Anfang an die Menschen in „Söhne des Lichts", die Auserwählten, und die „Söhne der Finsternis", die Verdammten, geteilt habe. Am Tage des Gerichts findet dann die letzte, entscheidende Schlacht statt, wo die Söhne des Lichts den Sieg davontragen.

Hinzu kam, daß die Qumraner wenig Nationsgefühl an den Tag legten und sich sowieso dem öffentlichen Leben fernhielten, um in wahrer Frömmigkeit Gott dienen zu können. Obwohl sie natürlich, wie alle ihre jüdischen Zeitgenossen, das rasche Ende der römischen Fremdherrschaft herbeisehnten.

Die Gemeinschaft von Qumran zerfiel in 2 Gruppen, die zölibatär lebenden Mönche, etwa 200 an der Zahl, und die etwas entfernt in der Oase Ein Feschcha lebenden Familien, die für den Unterhalt des Klosters zu sorgen hatten.

Ackerbau und Viehzucht waren die Haupterwerbszweige. Doch gab es auch viele Handwerker innerhalb des Ordens. So brannten sie ihr eigenes Geschirr. Handelsgeschäfte waren verboten, mit Ausnahme solcher, die für die Gemeinschaft notwendig waren, wie der Verkauf landwirtschaftlicher Erzeugnisse und Felle. Der Erlös mußte in die Gemeinschaftskasse fließen.

Die Leitung von Qumran lag in den Händen von 15 Männern, von denen drei Priester sein mußten. Der geistige Führer dieser Bruderschaft, der Seelsorger, Prediger und Lehrer zugleich war, ist uns namentlich nicht bekannt. Doch möglicherweise ist er mit dem, in den aufgefundenen Schriften so oft genannten „Lehrer der Gerechtigkeit", der ja gleichzeitig auch Vorankündiger der beiden erwarteten Gesalbten sein sollte, identisch.

Blick über die Ausgrabungen von Qumran. – Die Treppen führen zu einem Kultbad in Qumran. Durch die rituellen Waschungen erlangten die Essener ihre Reinheit.

Neue Mitglieder mußten sich zunächst ein volles Jahr außerhalb des Klosters, aber unter den gleichen Bedingungen lebend, bewähren. Erst danach wurden sie für eine weitere zweijährige Probezeit in der Gemeinschaft aufgenommen. Ihr irdischer Besitz mußte der Gemeinschaft überschrieben werden, denn alle Brüder waren gleich arm. Das neue Mitglied mußte sich unter Eid verpflichten, nichts von der Geheimlehre von Qumran an Außenstehende weiterzugeben. Der Orden kannte feste Satzungen, und strengste Disziplin stand an erster Stelle. Der Ungehorsam gegen den Oberen wurde mit schwersten Strafen bedacht, die oft genug, auch bei zeitweiligem Ausschluß, einem Todesurteil gleichkamen. Denn die Schuldigen wurden in die Wüste geschickt.

Den Mitgliedern war nur das Notwendigste an Kleidung und Nahrung erlaubt. Die Gemeinschaft sorgte vorbildlich für alle Schwachen, die Arbeitsunfähigen und Alten. Bei Krankheit wurde kein Arzt herbeigerufen, sondern ein Wunderheiler behandelte die Patienten.

Während ein Teil der Mönche auf den Feldern oder in den Werkstätten tätig war, verbrachten die anderen viele Stunden des Tages im Gebet, bei der Auslegung des Gesetzes und im Deuten von Träumen, von zeitlich genau vorgeschriebenen rituellen Waschungen unterbrochen.

Die Männer nannten sich selbst „Heilige Gemeinde", „Erwählte Gottes" und „Söhne des Lichts". Qumran war das geistige Zentrum aller Auserwählten des Judentums. Die beiden „Gesalbten", der priesterliche aus dem Geschlecht Aarons und der königliche aus dem Hause Davids, werden dann erscheinen und die Welt erlösen, wenn ihr Vorkünder, der Lehrer der Gerechtigkeit, nicht mehr da ist. Schon Sacharja erwähnte den Priester neben dem Messias (Sach 6,13).

Man bejahte die Existenz von Dämonen, von guten und bösen Geistern. Vom persischen Denken stark beeinflußt waren die maßlos übertriebenen Reinheits- und Speisevorschriften, worauf auch die Ablehnung der Tieropfer beruhte. Man lebte in Qumran vegetarisch.

Aber auch der eigene Kalender, der vom Lauf der Sonne bestimmt war, verrät uns massive persische Einflüsse. Die Brüder mußten vor und nach dem Essen den ganzen Körper reinigen und zu den Mahlzeiten ein besonderes Gewand anlegen.

Zwei Jahre vor der Zerstörung Jerusalems ging auch Qumran unter, als die Anlage von dem römischen General Vespasian dem Erdboden gleichgemacht wurde.

Doch die Lehre lebte in zahlreichen Diaspora-Gemeinden außerhalb Palästinas weiter.

> Das Volk zog in Scharen zu ihm hinaus, um sich von ihm taufen zu lassen. Er sagte zu ihnen: Ihr Schlangenbrut, wer hat euch denn gelehrt, daß ihr dem kommenden Gericht entrinnen könnt? Bringt Früchte hervor, die eure Umkehr zeigen, und fangt nicht an zu sagen: Wir haben ja Abraham zum Vater.
>
> Lk 3,7 f

Mit seinem radikalen Umkehrruf greift Johannes die Heilssicherheit Israels an. Für ihn gibt es kein Ansehen der Person bei dem sich dem Menschen zuwendenden Gott. Diese Predigt greift insbesondere die Pharisäer und Sadduzäer an, die ihm mit den Scharen, die zu ihm kommen, zuhören. Damit werden die pharisäische Frömmigkeit und der sadduzäische Stolz ins Mark getroffen. Hierin hebt er sich aber auch vom elitären Denken der Qumrangemeinde ab. Beziehen die „Söhne des Lichts" von Qumran in ihrem Auserwählungsgedanken das erwartete Heil nur auf sich, da sie sich als „Neuer Bund" verstehen, so bezieht Johannes jenseits aller Beschränkung jeden Menschen in seinem Bußruf und das verheißene Heil der Gottesherrschaft ein. Knüpft Johannes auch mit seiner Bußgesinnung an die Frömmigkeit der Pharisäer, an ihre innere wie äußere Bußhaltung an, so wendet er sich doch gegen diese gleichsam pietistische Laienbewegung, weil ihrer Bußgesinnung nicht die entsprechende umfassende Lebenshaltung folgt, also keine Früchte erbringt. Daß er die Sadduzäer angreift, liegt im Wesen der Sache. Denn diese Partei des Priesteradels, die auch das zahlenmäßige Übergewicht im Sanhedrin und damit fast alle Hohenpriester stellte, leugnet das endzeitliche Gericht. Hier ist kein Raum für Prophetie und Zukunftserwartung, die über das Abzusehende hinausgeht. Sie zeichnen sich insbesondere durch die Heilsgewißheit aus, die Johannes entlarvt. Beharren jene auf der Beibehaltung des Erreichten, das Bestehen des derzeitlichen Zustands, müssen Johannes wie auch dann Jesus mit ihrer in Unruhe versetzenden Botschaft vom anbrechenden, neuschaffenden Gottesreich mit ihnen in Konflikt geraten. Denn jede Änderung der Werte, jeder neuformulierte Gotteswille ist ihnen ein Sakrileg. Ihnen genügt, Abraham als Vater zu haben. In dieser Sohnschaft liegt für sie das unabänderliche Heil, das Gott seinem Volk nicht entziehen wird und kann, sollte es noch so schlecht und unzulänglich sein.

Mit der Absage des Johannes an vermessenes Auserwählungsdenken und stolze Heilsgarantie wird nicht die Verheißung Gottes an sein Volk, der Gedanke des Gottesvolkes preisgegeben. Vielmehr kündet sich schon an, was dann durch Jesus Wirklichkeit wird: Gott schafft sich ein neues Volk. Das irdische Israel kann fortan nicht mehr mit dem Gottesvolk selbstverständlich gleichgesetzt werden. Wenn es nicht die Stunde, die knapp bemessene Zeit nutzt – ist doch schon die Axt an die Wurzel der Bäume gelegt –, entgeht es nicht dem Gericht, dessen Urteilsspruch allein von den Früchten bestimmt ist, die der Bußfertige hervorbringt. Auch darin decken sich die Botschaften von Johannes und Jesus. Doch: Ist sie bei jenem noch bestimmt von dem Schlag, der bald den Baum treffen wird, so wird Jesus selbst zum Gericht. Keine Engführung der Buße auf kultische Bußleistungen wird vor ihm mehr bestehen. Die mit Jesus gekommene Weltenwende hat sich nicht allein in Gesinnung, sondern in der Tat, in der gesamten Existenz jedes Menschen zu verwirklichen.

> Bewahre uns, Herr, vor jeglicher Heilsgewißheit und in der Unruhe der Umkehr zu Dir.

Reinheit im Glauben

> Fort, fort! Zieht von dort weg! Faßt nichts Unreines an! Zieht von dort weg! Haltet euch rein; denn ihr tragt die Geräte des Herrn.
>
> Jes 52,11

Anfänglich war mit „unrein“ alles das gemeint, was tatsächlich unsauber war oder aber in Verbindung mit einer fremden Gottheit gebracht wurde.

Erst später wurde mit diesem Begriff auch der Versuch, die menschliche Vollkommenheit, die rituelle und moralische Reinheit zu erreichen, in Verbindung gebracht.

In den zahlreichen, genau festgelegten Reinheitsvorschriften erkennen wir die Scheu des „unreinen“ Menschen, belastet mit der Erbsünde, sich dem heiligen, reinen Gott zu nähern. Sie sind aber auch aufs engste verbunden mit dem Wunsch, sich abzusondern und somit den heidnischen Einflüssen zu widersetzen.

In einigen Gruppen des damaligen Judentums, wie z. B. bei den Leuten von Qumran, waren tägliche Tauchbäder die Vorschrift. Auch die zum Judentum übertretenden Männer und Frauen mußten ein solches Bad aufsuchen.

Ja, selbst die Kultgegenstände wurden vor der erstmaligen Benutzung, wenn sie gebraucht oder von Nichtjuden hergestellt waren, in einer solchen Mikwe in den Zustand kultischer Reinheit versetzt.

Für das Erreichen der Reinheit waren die verschiedenen Reinigungsarten genauestens vorgeschrieben. Genügte nach dem morgendlichen Erwachen und für das „Brechen“ des Brotes eine Teilreinigung, d. h. das Waschen der Hände, so waren in Fällen von Ausfluß, Menstruation, nach der Geburt und bei einigen, genau benannten Krankheiten, wie z. B. bei Aussatz oder aber nach der Berührung von Aas, Toten und Gräbern, Tauchbäder im lebendigen Wasser, eines sogenannten rituellen Bades, der Mikwe, Voraussetzung für das Erreichen kultischer Reinheit. Doch Bedingung für ein solches Tauchbad war eine völlige vorherige körperliche Reinigung, d. h. ein normales Bad. Denn kein Schmutz durfte zwischen Wasser und Körper treten. Selbst die Nägel an Händen und Füßen mußten peinlichst sauber sein.

Es genügte schon, unreine Dinge berührt zu haben, um selbst unrein zu werden und sich der Gefahr auszusetzen, diese Unreinheit zu übertragen. In einem solchen Zustand war es dem Menschen verboten, heilige Gegenstände zu berühren oder sich auch nur im weiteren Tempelbezirk aufzuhalten.

In besonderen, wiederum genau erwähnten Fällen der Verunreinigung trat neben dem Tauchbad noch das Verstreuen von Asche einer verbrannten toten Kuh. Eine Zeremonie, wie sie uns im Buch Numeri 19 genau beschrieben wird.

Natürlich galten für die Priester im Heiligtum besondere Reinigungsvorschriften.

Er antwortete ihnen: Ich taufe mit Wasser. Mitten unter euch steht der, den ihr nicht kennt.

Joh 1,26

Johannes steht im Dienst des kommenden Messias. So ist auch seine „Taufe der Umkehr" (Mk 1,4) letzte Vorbereitung und Zurüstung der Getauften für den Messias. Mit dieser Taufe wird neues Leben zugesichert. Die johanneische Taufe läßt an die Reinigungsriten der Qumran-Gemeinde denken. Die Ausgrabungen von Qumran und die mit dem freigelegten Wasser- und Bädersystem legen für diese täglichen rituellen Waschungen beredtes Zeugnis ab. Vor ihren Mahlzeiten nehmen die Essener im Qumran ihre Reinigungsbäder, die in Bußgesinnung vollzogen werden. Diese Waschungen und kultischen Bäder werden streng befolgt, um in der leiblichen die levitische Reinheit, die des Gesetzes, und damit die Heiligkeit zu erlangen. Doch, vollziehen die Gemeindemitglieder diese Reinigung an sich selbst, spendet Johannes die Taufe an die Bußwilligen, deren Kreis nicht wie in Qumran auf Auserwählte beschränkt bleibt. Steigen die Essener täglich in das Kultbad hinab, ist die Johannestaufe ein einmaliger und endgültiger Akt der Umkehr. Zum anderen versteht Johannes seine Taufe nicht als Ritual, nicht als Aufnahme- und Wiederholungsakt einer jüdischen Taufsekte. Damit hebt sich die Taufe des Johannes von Qumran wie von anderen jüdischen Gruppen ab. In ihr wird die Umkehr des Empfangenden vollendet und besiegelt. Im Zeichen des Wassers wird das Alte begraben und neues Leben den Getauften als Verheißung und Auftrag zugesprochen. Hier bricht eine Zukunft auf, die im Umkehrwillen des Getauften wie in der bevorstehenden Gottesherrschaft begründet ist. Daß der Messias namentlich noch nicht genannt und nur in geheimnisvoller Weise angedeutet wird, bestätigt die Zukunftsschau des Johannes. Doch hinter seiner Messiaserwartung steht das Bild des himmlischen Weltenrichters. Davon spricht er, nicht von einem irdischen Menschen. Mag seine Erwartung auch in anderer Weise erfüllt worden sein, das von ihm angekündigte Gottesreich ist seit seinem Tag unaufhaltsam auf dem Weg. Johannes gehört als der Täufer auf diese Gottesherrschaft hin schon der Zeit der erfüllten Verheißung an. Er weist nicht nur auf den Messias hin, er zeigt auch den Weg der Umkehr, auf dem wir zu diesem Menschensohn gelangen. Mit dem Eingeständnis der Schuld und menschlicher Sündenhaftigkeit wie dem Willen zur Umkehr und dessen Umsetzung in die Tat tritt der Mensch in das Reich Gottes ein und erfährt die Aufnahme darin durch Jesus, den Messias.

Mögen wir das Zeichen der Taufe in unserem Leben immer wieder erneuern, damit durch unsere fortwährende Umkehr Dein Reich komme.

Taufstein aus frühchristlicher Zeit in Mamshit.

Taufe Jesu

In jenen Tagen kam Jesus aus Nazaret in Galiläa und ließ sich von Johannes im Jordan taufen.

Mk 1,9

Wenn Kyrill, der Bischof von Jerusalem, um 350 darüber klagt, daß wegen der Entfernung zwischen Betlehem und dem Jordan die Taufe Christi nicht mit der Geburt an einem Tag gefeiert werden kann, steht dahinter, daß ursprünglich das Epiphaniefest Geburt und Taufe Jesu umfaßte. Denn der Menschgewordene wird am Jordan als Gottes Sohn offenbart. Mit dem Kommen des Messias ist die Endzeit angebrochen: Himmelsöffnung, Kommen des Geistes und Erschallen der Stimme Gottes sind ihre Zeichen. Alles, was fortan durch Jesus geschieht, ist auf diesem Hintergrund zu betrachten und anzunehmen. Das von Johannes verkündete nahende Gottesreich ist mit Jesus angebrochen. Die Tat Gottes, Jesus als seinen Sohn anzunehmen und zu offenbaren, setzt sich im Lauf dessen Lebens fort, wie sie bei der Geburt ihren Anfang nahm. Doch bleibt diese Einsicht allein dem Glaubenden vorbehalten. Die feste Absicht Jesu, mit der er an den Jordan gezogen ist, um sich von Johannes taufen zu lassen, weist darauf hin, daß am Beginn seines Wirkens auch das Zeichen dessen stehen soll, der das Nahen des Gottesreiches verkündet hat. Hier am Jordan beginnt die Wirksamkeit der in Jesus angebrochenen Gottesherrschaft, so wie Josua das Volk Israel nach seiner Wüstenzeit durch den Jordan in das gelobte Land führte. In beiden historischen Ereignissen wird die Verheißung Gottes erfüllt. Wie die Zeit des Elija, des messianischen Künders der Endzeit, am Jordan ihr Ende nahm, setzt sie mit Johannes, dem neuen Elija, und in der Taufe Jesu dort wieder an. Am Jordan schließt sich der Kreis der Verheißungen hin zur Erfüllung. Die Zeichen haben ihr Ende, nun ist die Zeit des Geistes angebrochen, der hier auf Jesus zukommt. Jesus ist der Träger des Geistes Gottes und nimmt nun sein Wirken in der Vollmacht und Kraft Gottes auf. An diesem Beginn steht Jesus am Jordan unter all den Menschen, die in der Taufe der Umkehr die Vergebung der Sünden und den Eintritt ins Gottesreich erlangen wollen und in deren Dienst er sich gerufen weiß. Die am Jordanufer versammelten Menschen sind die Mühseligen und Beladenen, die Sünder und Armen im Geiste, denen er sich von nun an mit seiner Heilsbotschaft wirksam zuwenden wird und kann, da sich Gott zu ihm bekennt und ihn für diesen Dienst bestellt.

Vorbei ist die Zeit Deines Stummseins. Du sprichst uns an und rufst uns heraus aus dem Wartehaus unseres Sehnens.
Möge unser Bekenntnis zu Dir von Dankbarkeit geprägt sein.

Der Jordan nördlich von Jericho.
Unten: An dieser Stelle wurde Jesus von Johannes getauft. Oben: Blick zum Jordanischen Gebirge.

In der Wüste

So spricht der Herr: Gnade fand in der Wüste das Volk, das vom Schwert verschont blieb. Israel zieht zum Ort seiner Ruhe.

Jer 31,3

In der glühend heißen Sonne des Tages und der Kälte der Nacht verbrachte das Volk 40 lange Jahre. So wurde die Wüste zum Ort der Läuterung und der Erprobung, aber gleichzeitig auch zur Stätte der Offenbarung der großen Gnade Gottes, wo Gott mit seinem Volk einen „Ewigen Bund“ schloß:

„Ihr aber sollt mir als ein Reich von Priestern und als Heiliges Volk gehören.“

Wehe dem, der durch die Einsamkeit dieser Landschaft zieht ohne die leitende Hand eines Wegekundigen und vom „rechten Pfad“, den die Bibel so oft erwähnt, abweicht, wehe ihm, denn er ist rettungslos verloren. Eine gnadenlose Sonne und Wassermangel sind sein Ende.

In dieser Wüste fastete und betete Jesus 40 Tage lang.

Aber auch in der Wüste verließ Gott nicht die Seinen. Er ging seinem Volk voran und wies ihm in höchster Not durch Feuer- und Rauchzeichen den richtigen Weg.

Er zeigte den Verirrten, den Durstigen eine Wasserstelle, die so zum „Leben" wird.

Immer wieder gab es in der Geschichte des Volkes Einzelne oder ganze Gruppen von Menschen, die sich in die Wüste zurückzogen, um Gott nahe zu sein, sich selbst im Glauben zu stärken und hier Erleuchtung zu finden.

Wir sollten hier an Johannes den Täufer oder an die Essener erinnern, die in der Endlosigkeit der Wüste Gott suchten.

Dann wurde Jesus vom Geist in die Wüste geführt; dort sollte er vom Teufel in Versuchung geführt werden.

Mt 4,1

Zur Grunderfahrung des glaubenden Menschen gehört die Versuchung. Er kennt die Anfechtung, den errungenen und immer wieder bedrohten Glauben durchzuhalten und zu verwirklichen. So wird der Glaubende auf seine Beständigkeit hin geprüft. Ob für ihn die Zusage Gottes, ihm beizustehen, selbst bei entgegengesetzter Wirklichkeit Gültigkeit hat, wird in der Versuchung offenbar. Diese Treueprobe wurde von den Urvätern des Glaubens, den Propheten sowie dem Gottesvolk gefordert. Gott stellte sein Volk nach seinem Auszug aus Ägypten in der Wüste auf die Probe. Es sollte sich während der vierzig Jahre Wüstenzeit als das heilige Volk bewähren, dem Gott selbst vorangeht, das ihm, Jahwe, allein dienen will. Doch es bestand die Prüfungen nicht, als es in der Wüste Sin das Brot forderte (Ex 16), in Refidim (Massa und Meriba) ein Zeichen verlangte (Ex 17,1–7) und der von ihm beim Einzug ins verheißene Land angetroffenen Götzenverehrung huldigte (Ri 2,11 f). Sein Vertrauen auf den Gott Sinais war zu gering. An dieses Versagen Israels knüpft der Bericht von der Versuchung Jesu an: Die Zeit Jesu entspricht der Zeit des Exodus und der Landnahme. Wie Gott seinem Volk bei seinem Auszug aus Ägypten in der Feuersäule und Wolke voranzog, so wird Jesus vom Geist, der ihn zuvor am Jordan als Messias offenbarte, in die Wüste geführt. Wie Israel während der vierzigjährigen Wüstenzeit erprobt wurde, bedrängen die widergöttlichen Mächte auch Jesus bei seinem vierzigtägigen Aufenthalt in der Wüste. Doch im Gegensatz zu Israel, das den Versuchungen erlag, siegt Jesus über die Verlockungen des Satans. Betrachten wir noch die drei Versuchungen, Steine in Brot zu verwandeln, Gott mit dem Sturz von der Zinne des Tempels herauszufordern und den Teufel anzubeten, so liegen die Parallelen zu den schon genannten Prüfungen Israels auf der Hand. Daß an das Versagen Israels in jenen Situationen angeknüpft wird, in denen sich Jesus bewährt, unterstreicht, daß nunmehr die Macht des Bösen durch Christus, den neuen Adam, gebrochen ist. Zwar wird immer wieder die Versuchung aufsteigen, Gott auf die Probe zu stellen, mit ihm zu experimentieren, Götter und ihre vermeintliche Wirksamkeit gegen ihn auszuspielen. Doch fernab allen Wunderglaubens und jeglicher Zeichenforderung, die Gottessohnschaft Jesu, die Vollmacht des Messias zu mißbrauchen, gilt für Jesus wie für jeden glaubenden Menschen, in seinem Leben und Wirken das zu offenbaren, worauf die Versuchungsgeschichte abzielt: „Höre, Israel! Jahwe, unser Gott, Jahwe ist einzig. Darum sollst du den Herrn, deinen Gott lieben mit ganzem Herzen, mit ganzer Seele und mit ganzer Kraft" (Dt 6,4 f).

Bewahre uns, Gott, Du der Einzige, vor der Versuchung, unseren Glauben abhängig zu machen von Wundern und Zeichen. Deine Gegenwart allein lasse Grund unseres Vertrauens sein, das wir auf Dich setzen.

Die dämonischen Mächte

> Danach ließ er mich den Hohenpriester Jeschua sehen, der vor dem Engel des Herrn stand. Der Satan aber stand rechts von Jeschua, um ihn anzuklagen. Der Engel des Herrn sagte zum Satan: Der Herr weise dich in die Schranken, Satan.
>
> Sach 3,1–2

Der Dämonen- und Geisterglaube nahm keinen wichtigen Platz im Frühjudentum ein, obwohl die Existenz von solch überirdischen Wesen keineswegs geleugnet wurde. Denn wie so vieles, brachten die Israeliten auch aus der Wüste, wo ja viele Dämonen wohnten, die Vorstellung mit, daß solche, oft unsichtbare Wesen, die halb Engel, halb Mensch waren, existieren.

Trotzdem wies der tiefe Glaube an die Allmacht und Alleinherrschaft Gottes diesen Geistern nur eine völlig unbedeutende Rolle zu. Erst mit der Rückkehr aus dem babylonischen Exil wurden unter persischem Einfluß die Dämonen und Geister, die den Menschen meist freundlich gegenüberstanden, immer zahlreicher und hielten ihren Einzug in den Volksglauben. Doch unterstanden diese zunächst alle Gott.

Selbst der Satan, der Anführer dieser Dämonen, der uns in den Schriften des Alten Testaments unter den verschiedensten Namen begegnet, ist anfangs ein Diener Gottes.

Im Buch Sacharja tritt er als Ankläger auf, später bei Ijob ist er einer der Gottessöhne, ein Name, mit dem Engel bezeichnet wurden.

Das Wort Satan bedeutet soviel wie Gegner oder Widersacher, so wird er u. a. auch im ersten Buch der Könige (5,18) genannt. Im gleichen Buch offenbart er sich aber auch als Herr der Lüge, und Vater der Lüge wird er auch bei Johannes genannt.

Im ersten Buch Chronik tritt er als Verführer Davids auf, der gegen Gottes Wunsch Joab den Befehl gab, das Volk in Israel, von Beerscheba im Süden bis nach Dan im Landesnorden, zu zählen.

Doch bleibt er nach wie vor gehorsamer Untertan Gottes. Erst viel später wird er zum Teufel, zur Verkörperung alles Bösen, zum größten und mächtigsten Feind Gottes. Er herrscht über alle dunklen Mächte in der Welt und ist der Anführer, ihm zu Diensten stehender böser Geister und trägt den Namen Sammael.

Er wird aber auch in der späteren Literatur mit dem Dämon, der das Böse, den Tod, in die Welt gebracht hat, als Todesengel, identifiziert, als Fürst der Finsternis und Engel des Verderbens.

Er ist der Verführer und Versucher, der Ankläger und Mörder.

Doch Gott begrenzt seine Macht. So wird seine Macht am Versöhnungstag, beim Klang des Schofars, gebrochen, und beim Erscheinen des Messias kommt die Herrschaft des Satans zum Ende.

Der Berg der Versuchung mit einem griechisch-orthodoxen Kloster. – Dieses Kloster konnte im Mittelalter vor räuberischen Beduinen Schutz gewähren, da es wie eine Festung zu verteidigen war. Im Inneren des Klosters befindet sich eine hervorragende Ikonensammlung.

Wieder nahm ihn der Teufel mit sich und führte ihn auf einen sehr hohen Berg: er zeigte ihm alle Reiche der Welt mit ihrer Pracht und sagte zu ihm: Das alles will ich dir geben, wenn du dich vor mir niederwirfst und mich anbetest.

Mt 4,8 f

Das häufige Auftreten der Ausdrücke „Reich Gottes", besonders bei Matthäus und Lukas, und „Himmelreich" bei Matthäus lenkt unseren Blick auf das Zentrum der Verkündigung Jesu: das Reich Gottes. Es ist nicht in Regionen und Grenzen faßbar, es liegt auch nicht im Jenseits, vielmehr ist es zum einen gegenwärtig dort aufgerichtet, wo Gott handelt, zum anderen wird es am Ende der Zeit die von den Mächten des Bösen bedrängte Welt in einen neuem endgültigen Heilzustand umfassen. Ist für die Zeloten und alle Aufstandsbewegungen zur Zeit Jesu das Gottesreich bedroht durch die Fremdherrschaft der Römer und besteht für jene das Ringen um das Reich Gottes im politischen Kampf, lehnt Jesus dieses Verständnis ab. Für ihn sind die Unheilsmächte und das Böse die Bedrohungen, gegen die es anzukämpfen gilt. Nicht der Aufstand gegen Rom führt für ihn zum messianischen Reich, vielmehr die Behauptung gegen alle Versuchung, Gottes Reich an weltliche Macht und Herrlichkeit zu binden. Daß auch an ihn diese Prüfung herantritt, berichtet die Erzählung von der dritten Versuchung. Alle Reiche der Welt will ihm der Teufel übergeben und spricht ihn damit auf das Messiastum im Sinne irdischer Macht und Herrlichkeit an, wie es auch als politischer Messianismus von den zeitgenössischen jüdischen Aufstandsgruppen verstanden wird. Hinter dem Angebot des Teufels steht das Wissen um den Auftrag und Anspruch Jesu, das Reich Gottes zu errichten. Zieht die Gottesreichverkündigung Jesu auf Befreiung ab, unternimmt der Teufel den Versuch, Jesus in seinen Dienst zu nehmen, so wie der Antichrist nach frühchristlicher Erwartung vom Teufel seine Machtbefugnis empfängt und damit in der Abhängigkeit des Satans steht. Doch Jesus stößt ihn von sich: Weg von mir, Satan! Dem teuflischen Ansinnen, er sei der Fürst der Welt und könne deshalb auch die Weltherrschaft übertragen, setzt Jesus seinen schroffen Befehl entgegen. Damit stellt er unter Beweis, daß er im Namen Gottes selbst Macht über den Teufel besitzt. Jesus läßt sich nicht auf die Verlockung eines weltlichen Reiches ein. Er erwartet keine „Landnahme" wie Mose für sein Volk, als er das verheißene Land vom Berg Nebo schauen durfte. Dieses Wunder wiederholt sich bei aller Parallelität nicht. Jesus geht es um das Reich Gottes, das nicht von dieser Welt ist und die alttestamentlichen Zusagen Gottes noch übersteigt. Damit fällt er die Entscheidung für den fortan alles Böse besiegenden Geist Gottes, der jenseits aller weltlichen Macht und Herrlichkeit den Siegeszug der Gottesherrschaft antritt.

Damit wir nicht dem Drängen nach Macht und der Erfüllung all unseres Sehnens in dieser Welt erliegen, möge der Geist das Samenkorn des Reiches Gottes in uns legen.

Am Fuße des Berges der Versuchung liegt Jericho, eine Oase inmitten der judäischen Wüste.

Die Hochzeit

Darum verläßt der Mann Vater und Mutter und bindet sich an seine Frau und sie werden ein Fleisch.

Gen 2,24

„Se hajom asa Elohim“, das ist der Tag, den der Ewige dir bereitet hat. Gemeint ist hiermit der Tag der Trauung, wo zwei junge Menschen unter die Chuppa, den Brauthimmel, treten, der das Dach des gemeinsamen, zukünftigen Hauses symbolisiert.

Im alten Judentum bestand eine Hochzeit aus zwei verschiedenen Zeremonien, Kiddushin und Nissuin, einer rechtsverbindlichen und einer religiösen. Bis zum Mittelalter waren diese beiden Teile zeitlich voneinander getrennt.

Weder damals noch heute finden die Hochzeiten an einem Sabbat statt, sondern meist in der Mitte der Woche, um auch genügend Zeit für die Vorbereitungen zu haben.

Braut und Bräutigam begannen früher bei Tagesanbruch zu fasten bis nach der offiziellen Trauung.

Der Bräutigam zog festlich gekleidet mit seinen Freunden zum Haus der Eltern der Braut, wo diese geschmückt im Kreis ihrer weiblichen Verwandten und Freundinnen bereits wartete. Die Freundinnen eilten dann dem Bräutigam entgegen und geleiteten ihn ins Haus.

Nach einem kurzen Segensspruch des Brautvaters begab sich der inzwischen groß gewordene Hochzeitszug in Richtung Synagoge. Musik und Gesang begleiteten diesen Zug, wobei die Frauen nicht genug tun konnten, die Schönheit und alle anderen Vorzüge der Braut lobend zu besingen. Manchmal wurde hierbei natürlich auch maßlos übertrieben.

Auch heute noch wird in Gegenwart von zwei gut beleumundeten gesetzesgläubigen Männern der Gemeinde der Ehevertrag unterzeichnet, die sogenannte Ketuba, mit ihrem seit vielen Jahrhunderten unveränderten aramäischen Text, der im einzelnen alle Pflichten des Ehemannes aufzählt. Unter anderen heißt es hier: „Du sollst mein Weib sein, ich will dir dienen, dich ehren und versorgen nach der Art jüdischer Männer, die ihren Frauen dienen, sie hoch schätzen, ernähren und versorgen in Treue.“

In den freien Platz der Urkunden werden dann die Namen der Brautleute, der beiden Zeugen sowie das Datum des Hochzeitstages eingesetzt. Nachdem die Zeugen diesen Vertrag unterzeichnet haben, verliest der Rabbiner nun den Text der Ketuba.

Mit den Worten: „Durch diesen Ring seiest du nun geheiligt nach dem Gesetze des Mose und Israels“, steckt der Bräutigam der Braut den Ring an den Finger.

Nach dem ersten Segen des Rabbiners trinken Braut und Bräutigam aus einem Becher Wein, so die zukünftige Einheit symbolisierend. Sieben weitere Segenssprüche, die „Schewa Brachot“, folgen.

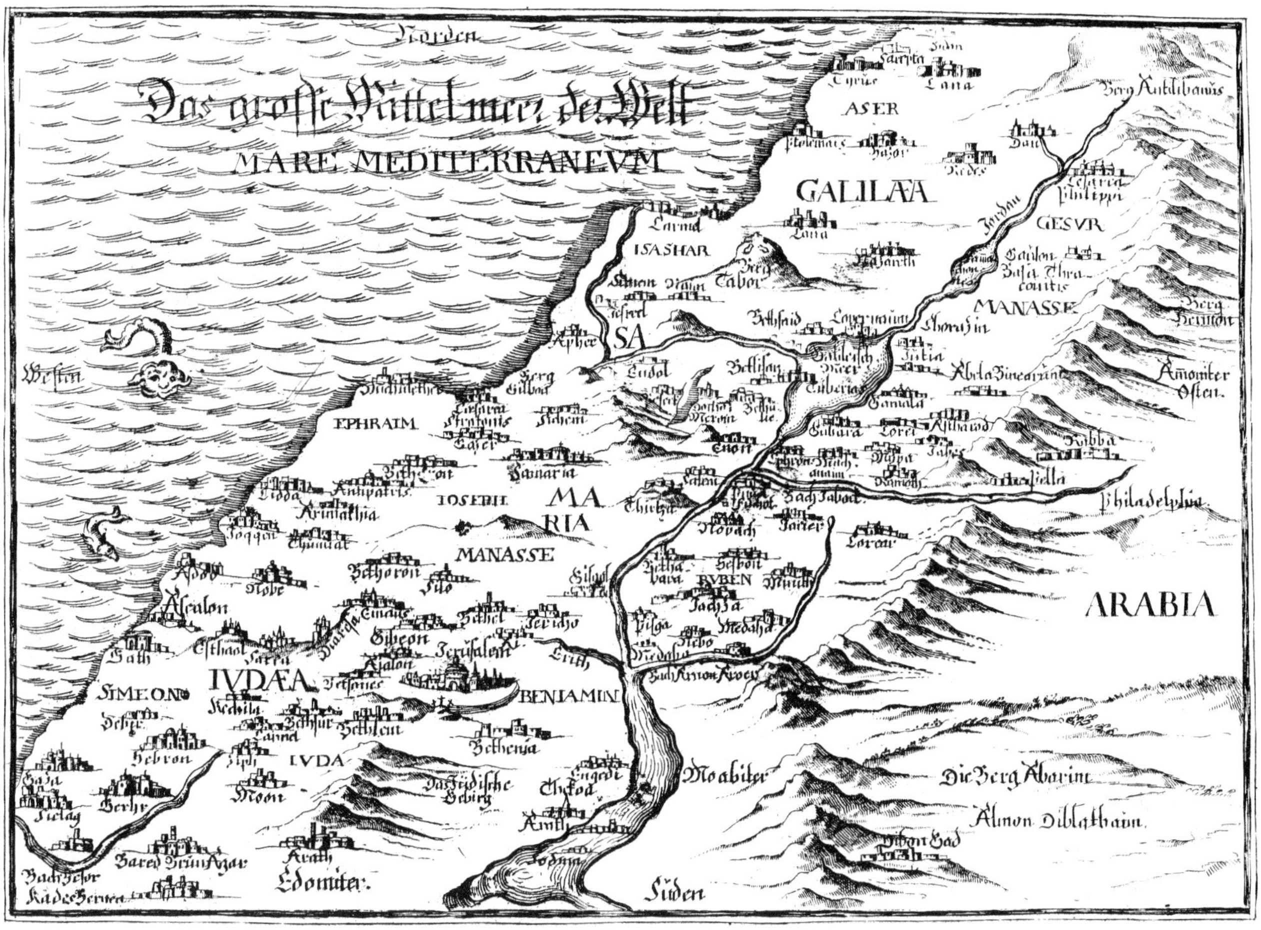

Diese mittelalterliche Karte von Palästina enthält alle wichtigen Orte des Wirkens Jesu.

Ein zweiter Becher Wein symbolisiert Freud und Leid, die von dem Paar nun gemeinsam geteilt werden.

Zur Erinnerung an die Ewige Heilige Stadt, die so oft in Scherben zerschlagen wurde und immer wieder mit Gottes Hilfe neu erstand, zertritt der Bräutigam ein leeres Glas.

In biblischer Zeit dauerte eine Hochzeit oft sieben Tage, während dieser Zeit blieb die Braut meist verschleiert. Nach der religiösen Feier schloß sich das Hochzeitsmahl im Kreis von Verwandten, Freunden und Bekannten an. Trauung und Hochzeitsmahl fanden oft im Vorhof der örtlichen Synagoge statt, wobei den Männern der Gemeinde das Bereitstellen des Weines, den Frauen die Zubereitung des Essens oblag.

Wie in alten Zeiten, so spielt auch heute noch im Orient die Gastfreundschaft eine große Rolle. Man lädt deshalb auch die Ärmsten der Dorfgemeinschaft zu allen Feierlichkeiten ein, eine Pflicht, der sich auch heute niemand entzieht.

> Am dritten Tag fand in Kana in Galiläa einen Hochzeit statt, und die Mutter Jesu war dabei. Auch Jesus und seine Jünger waren zur Hochzeit eingeladen.
>
> Joh 2,1 f

Ist Kafr Kenna auch nicht das neutestamentliche Kana, dieses ist nämlich in dem Ruinenhügel Chirbet Kana zu suchen, so wird doch hier des ersten Wunders Jesu nach Johannes gedacht, mit dem er seine Herrlichkeit offenbart. Leuchtete diese auch nur kurz auf, so weckt sie doch den Glauben der Jünger und verweist auf die Vollendung seines Reiches. Daß am Anfang seines Wirkens eine Hochzeit steht, trägt ebenfalls endzeitliche Züge. Das Motiv der Hochzeit, der Braut und des Bräutigams in den Worten Jesu, zielen ab auf das himmlische Hochzeitsmahl, das mit dem Kommen des Bräutigams Jesu schon seinen Anfang genommen hat und uns von ihm mit seinem Heimgang zum Vater dort bereitet wird. Auf diese seine Stunde der Verherrlichung weist Jesus hin, wenn er sagt, „meine Stunde ist noch nicht gekommen". Alles, was jetzt geschieht, ist nur ein Aufleuchten dessen, was beim himmlischen Hochzeitsmahl endgültiger Zustand in herrlicher Fülle sein wird. Das Weinwunder birgt aber auch eine eucharistische Deutung in sich: Zum einen ist Jesus das, was er spendet, zum anderen zielt jede Teilnahme am eucharistischen Mahl auf die erwartete Wiederkunft des Herrn und die endgültige Gemeinschaft mit ihm ab. Mit der Hochzeit zu Kana setzt die Zeit an, in der wir seiner teilhaftig werden können in Brot und Wein. Wer mit den Jüngern zum Glauben an Jesus findet, hat das Leben und wird mit ihm zur Verherrlichung gelangen. So bringt er mit dem Wein den Menschen die Freude, mit dem Brot die Sättigung. Zeichen seiner selbst, als „Weinstock" und „Brot des Lebens". Daß am Anfang ein Wunder steht, welches die endzeitliche Freude des himmlischen Hochzeitsmahles kündet und erstrahlen läßt, weist uns auf das derzeitige „Zwischen" hin. Alles, was in der Gegenwart geschehen und uns vielleicht erschaudern mag, ist nichts gegenüber dem, was uns der vom Vater verherrlichte Herr bereithält. Es steht uns also nicht an, allein die Aufhebung innerweltlicher Not zu verlangen. Unser Sehnen sollte auf das gerichtet sein, was uns darüber hinausweisend der erhöhte Herr gibt, damit wir das Leben haben und es in Fülle haben.

Herr, laß uns dem Auftrag Deiner Mutter folgen „Was er euch sagt, das tut", damit wir das Leben erlangen und teilhaben an deiner Verherrlichung.

Ansicht von Kafr Kana. – Nach einer späteren Tradition wurde die Hochzeit von Kana (Joh.2. 1–12) in Kafr Kana lokalisiert.

Prophetisches Wirken

Du hast mich betört, o Herr, und ich ließ mich betören; du hast mich gepackt und überwältigt. Zum Gespött bin ich geworden den ganzen Tag, ein jeder verhöhnt mich. Ja, sooft ich rede, muß ich schreien, „Gewalt und Unterdrükkung" muß ich rufen. Denn das Wort des Herrn bringt mir den ganzen Tag nur Spott und Hohn.

Jer 20,7–8

Die Propheten des Alten Testaments waren keinesfalls weltfremde Schwärmer, sondern durchaus Männer der Gegenwart. Sie waren keine Träumer oder zaubernde Wahrsager, sondern glaubensstarke, aber einsame, mutige von Gott erwählte Männer, die in den Jahrhunderten, die dem Mose, dem ersten und größten aller Propheten, folgten, immer wieder in Zeiten moralischen und nationalen Niedergangs warnend ihre Stimme erhoben und das Volk Gottes an die Abmachungen des Ewigen Bundes erinnerten und die Tora auslegten.

Sie wurden oft belächelt, verspottet und verfolgt als unbequeme Männer, deren Zorn auch vor den Königen und der Priesterschaft nicht haltmachte.

Selbst eigenes Leid ließ sie nicht verstummen. Wie Ezechiel, der selbst an dem Tage, an dem seine Frau verstarb, sich nicht abhalten ließ, zu warnen und das Volk aufzurütteln, denn das Wort des Herrn erging an ihn.

Sie waren Vorkämpfer für die Moral und soziale Gerechtigkeit und entlarvten die politischen und religiösen Volksverführer, in Zeiten, in denen die Menschen irdischen Vergnügungen nachjagten und das Gesetz Gottes mißachtet wurde.

Zwar wirkten die Propheten zu verschiedenen Zeiten unter unterschiedlichen Bedingungen, doch hatten sie gemeinsam, daß sie im Land von Ort zu Ort umherzogen, erfüllt von einem fast mystischen Jahweglauben, getragen von glühendem Patriotismus. So rissen sie in der Sprache des Volkes die Massen zur Begeisterung mit. Sie sprachen zwar nur zu ihren jeweiligen Zeitgenossen, aber für alle zukünftigen Generationen.

Sie waren die Wegweiser für den wahren Glauben, die das Erscheinen des Messias und die endgültige Herrschaft Gottes verkündeten.

So kam er auch nach Nazaret, wo er aufgewachsen war, und ging, wie gewohnt, am Sabbat in die Synagoge. Als er aufstand, um aus der Schrift vorzulesen, reichte man ihm das Buch des Propheten Jesaja. Er schlug das Buch auf und fand die Stelle, wo es heißt:

Alte Synagoge von Nazaret. – Sie steht an der Stelle derjenigen Synagoge, in der Jesus lehrte.

Der Geist des Herrn ruht auf mir:
denn der Herr hat mich gesalbt.
Er hat mich gesandt,
damit ich den Armen eine gute Nachricht bringe;
damit ich den Gefangenen die Entlassung verkünde
und den Blinden das Augenlicht:
damit ich die Zerschlagenen in Freiheit setze
und ein Gnadenjahr des Herrn ausrufe.

Lk 4,16–19

Entgegen jüdischer Zukunftserwartung, die auch die von Jesus in der Synagoge von Nazaret verlesene Jesajastelle mit einschließt, spricht er dort aus: „Heute hat sich das Schriftwort, das ihr eben gehört habt, erfüllt.“ Das vorgetragene programmatische Prophetenwort wie die Zusage der Erfüllung am Beginn des Wirkens Jesu in Galiläa stellen den Anspruch auf, mit dem Jesus auftritt. Er ist der Gesalbte Gottes, an dem Gott im Taufgeschehen gehandelt hat. Er verkündet, und in seiner Verkündigung selbst ereignen sich schon Befreiung und Öffnung. Das alles geschieht heute. Mit diesem „Heute“ ist aber nicht ein einmaliger, geschichtlicher Tag gemeint. „Heute“ ereignet sich seit jenem Tag in Nazaret immer wieder, und eine Eingrenzung auf die Zeit Jesu wäre unstatthaft. Anknüpfend an die alttestamentliche Zeit messianischer Verheißung, die sich im „Heute“ von Nazaret vergegenwärtigt, setzt sich die Heilszeit in der Kirche fort. Überall dort, wo die Verkündigung Jesu angenommen wird und damit Befreiung geschieht, beginnt die Heilsperiode. Dieses grenzenlose „Gnadenjahr des Herrn“ kennt aber nicht nur die Zeitlosigkeit, es setzt sich auch über die Eingrenzung auf das alttestamentliche Gottesvolk hinweg. Gottes Heilsangebot in Jesus von Nazaret gilt den Menschen aller Völker und will sie zum neuen Israel zusammenführen. Dieser universale Heilsplan Gottes wird in der Synagoge von Nazaret durch die Verstockung der jüdischen Hörer, stellvertretend für ganz Israel, herausgehoben und betont. Mit ihrer Ablehnung des Gesandten Gottes drängen die Juden Gott geradezu, sein Heilsangebot über sein Volk auf alle Menschen auszuweiten. Hinter dieser Stelle steht die Erfahrung der jungen missionarischen Kirche, daß das Heil von den Heiden angenommen wird und die Christen von den Juden, an die zuerst die Verkündigung erging, verfolgt werden. Damit legitimiert sich die Kirche als der heilsgeschichtliche Erbe Israels. Die Heilstradition wird in der Kirche fortgesetzt. Der sein Volk führende Gott schreitet weiter durch seine Zeit, die aber nunmehr Zeit der Kirche, Zeit derer ist, die unabhängig von Herkunft und Sprache Gottes Wort durch den „heute“, d. h. immer lehrenden Jesus Christus annehmen. Die Verwerfung Israels wie die Zerstörung Jerusalems als Gericht über das halsstarrige Judentum sind für Lukas nur natürlich erwachsende selbstverschuldete Folgen. Doch statt sich in der Kirche der Selbstgerechtigkeit, Selbstgefälligkeit und des Primatsanspruchs hinsichtlich des Heilsangebots Gottes hinzugeben, sollten wir die Mahnung des Lukas beachten, wachsam zu sein angesichts der zermürbenden Alltäglichkeit unseres Christseins.

Herr, bewahre uns vor jedem Anstoß an Deiner Lehre, damit wir unseren Platz in Deinem Heilsprozeß im „Heute“ unseres Lebens wie unserer Gemeinde erfüllen.

Die Ruinen der Synagoge von Baram heben sich in ihrer Schönheit von allen anderen steinernen Überresten früherer Synagogen ab.

Die Synagoge

Mein Haus ist ein Haus des Gebets und Anrufs aller Völker.

Die Synagogen entstanden wahrscheinlich in der Zeit des Exils. Doch erst nach der Rückkehr aus Babylon finden wir wirkliche Hinweise auf die Existenz von solchen Bet-Ha-Knesseth (Versammlungsorten). Denn die Synagogen waren nicht nur Gebets- oder Lehrhaus, sondern gleichzeitig auch die Stätte der Begegnung, wo man sich traf; Zentrum des jüdischen Geistes- und Gemeinschaftslebens.

Gegen Ende des zweiten Tempels war die Synagoge längst zu einem festen Begriff geworden, so daß die Zerstörung des Tempels insofern im religiösen Leben keine allzu große Lücke hinterließ, wie etwa die Zerstörung des ersten Tempels.

Wo immer eine kleine jüdische Gemeinde mit zehn männlichen erwachsenen Juden bestand, wurde eine Synagoge errichtet. Sie wurde, wo immer möglich, am zentralsten Platz des Ortes auf einer Anhöhe erbaut, so daß kein anderes Gebäude höher war.

Außen, über dem Eingangstor, befand sich oft die Inschrift: „Mein Haus ist ein Haus des Gebets und Anrufs der Völker“, und die Menora, der siebenarmige Leuchter, in Stein gehauen. Als Stätte der Verkündigung, nicht des Sakraments, wurde sie erst durch die Versammlung der Gläubigen zum Kultraum.

Mittelpunkt der Synagoge bildet der Thoraschrein, bedeckt mit einem kostbaren Vorhang aus wertvollem Stoff, Samt oder Brokat, als einziger Schmuck in dem sonst so schlichten Raum. Aufgerollt auf zwei Holzstäbe, die oft mit reichverzierten Kronen versehen waren, wurde die Thorarolle in diesem Schrank aufbewahrt. Die Thora, die fünf Bücher Moses, enthalten die Lehre und Gesetze des Judentums und prägen somit das Leben eines jeden Juden bis in unsere Tage hinein.

Das Ner Tamid, das Ewige Licht, hat eine besondere Bedeutung in der Synagoge, da es nicht nur der Erinnerung der Verstorbenen gilt, sondern hauptsächlich auch die Seele des Menschen symbolisiert. Deshalb befindet es sich oft in der Nähe des Thoraschreins, obwohl der Platz hierfür nicht ausdrücklich vorgeschrieben ist.

Gegenüber dem Thoraschrein befindet sich das Pult des Vorbeters und der Sitz des Rabbiners. Von der Mitte des Raumes aus, von der Bima oder Bühne, wird während des jüdischen Jahres die Thora in einer fortlaufenden Lesung der Wochenabschnitte von den einzelnen Gemeindemitgliedern, die hierzu aufgerufen werden, gelesen und dazu feierlich aus dem Schrank „ausgehoben“ und zum Lesepult getragen. Zum offiziellen jüdischen Gottesdienst müssen immer mindestens zehn Männer anwesend sein. Der junge Jude wird im Alter von 13 Jahren bei seiner Bar Mitzwa berechtigt, als volles Mitglied am jüdischen Gottesdienst teilzunehmen.

Gemäß der Vorschrift sind Frauen und Männer in der Synagoge durch Zwischenwände oder einen Vorhang getrennt.

Ein Vorbeter oder Kantor, ein Gemeindemitglied mit einer besonders schönen Stimme, leitet den Gottesdienst ein. Die Anwesenheit eines Rabbiners ist nicht unbedingt erforderlich, da dieser nicht Priester, sondern nur Verkündiger ist. Dagegen ist der Schammes, der Synagogendiener, eine wichtige Person, da er darauf zu achten hat, daß die vorgeschriebene Zahl von Männern anwesend ist. Er bereitet die Gebetsmäntel, Talith und die Gebetsbücher, Siddur, vor. Besonderer Bedeutung kommt dem Sabbat, dem Ruhetag Gottes, zu. Die Gottesdienste an diesem Tag oder während der hohen Festtage, wie z. B. dem Rosh Haschana, dem jüdischen Neujahrsfest, und am Yom Kippur (Versöhnungstag), gestalten sich besonders feierlich.

Er lehrte in den Synagogen und wurde von allen gepriesen.

Lk 4,15

Mit diesem Wort setzt Lukas dem Wirken Jesu in Galiläa nicht nur voran, daß der Schwerpunkt seiner dortigen Tätigkeit im Lehren besteht, er nennt auch den Ort: Die Synagoge. Da Maria und Josef wohl den Gottesfürchtigen und Gesetzestreuen zuzurechnen sind, ist für Jesus von Kindheit an die Synagoge der Raum, in dem er das Wort des Gesetzes und der Propheten in der Lesung wie in der Auslegung hört, mit dem er Verkündigung und Lehre verbindet. Mit der Selbstverständlichkeit, in der er am Synagogengottesdienst teilnimmt, nimmt er auch das Recht der Schriftdeutung vor der versammelten Gemeinde wahr. Da durch Samarien Galiläa von Judäa und damit vom Tempel getrennt ist, entwickelt sich hier die Synagoge, auch unter dem starken Einfluß der Pharisäer in Galiläa, zum Mittelpunkt der Gemeinde. So kann Jesus mit seiner Lehrtätigkeit in der Synagoge einen größtmöglichen Hörerkreis erreichen. Zum anderen weiß er sich Menschen gegenüber, die aufgrund pharisäischer Tradition in besonderer Weise die Bereitschaft und Befähigung besitzen, sich mit dem Wort des Gesetzes wie der Propheten und dessen Auslegung auseinanderzusetzen. Wie lebendig dieses Ringen um das Schriftverständnis ist, bezeugen die Evangelisten wiederholt. Da Jesus bei seinen Landsleuten als Mensch ohne Bildung gilt (Mt 13,54), sich nicht Schüler eines berühmten Lehrers nennen und auch nicht auf irgendwelche Vätertraditionen berufen kann, seine Aufgabe auch nicht in treuester Thora-Auslegung den Überlieferungen gegenüber sieht, vielmehr mit dem Anspruch auftritt, den Willen Gottes auch ungebunden an die Schrift zu kennen und zu verkünden, im Einzelfall die Thora selbst darauf hin überprüfen zu dürfen, ob die darin festgehaltene Aussage wirklich dem Willen Gottes entspricht, ist der Streit schon vorprogrammiert. Damit wird die Synagoge zum Ort der Auseinandersetzung und der Ablehnung Jesu, sei es in Nazaret oder in Kafarnaum, wobei wir davon ausgehen dürfen, daß über diese beiden in den Evangelien genannten Synagogen hinaus Jesus in vielen Bethäusern Galiläas mit seiner Lehre Widerspruch hervorruft. Von daher erklärt sich dann, daß im altkirchlichen Sprachgebrauch mit „Synagoge“ das verstockte und blinde Gottesvolk bezeichnet wird. Dieser Wortgehalt findet in der mittelalterlichen Plastik seine künstlerische Umsetzung, beispielhaft seien Straßburg und Bamberg genannt. Damit geht im Bewußtsein verloren, welchen Stellenwert die Synagoge für Jesus hat: Hier liest und deutet er das Wort Gottes, nimmt am Gottesdienst teil, übernimmt aus ihm das „Schma 1' Israel“ in seine Verkündigung (Mk 12,29 f) und versteht sich als Teil der jüdischen Gottesdienstgemeinde, der er mit seiner dort vorgetragenen Lehre den Willen des Vaters zu offenbaren versucht.

Herr, Dein Wort ist oft hart und schwer zu hören. Bewahre uns davor, daß wir an ihm Anstoß nehmen.

Kafarnaum

Der uns heute als Kafarnaum bekannte Ort müßte eigentlich richtiger Kfar Nachum d. h. Dorf des Nachum, heißen. Gemeint ist hiermit wahrscheinlich der im 7. Jahrhundert in Juda lebende Prophet Nachum, der uns in seinen Texten die Macht und Herrlichkeit Gottes vor Augen führte und dessen Grab im Dorf ein Wallfahrtsort der frommen Juden zur Zeit Jesu war.

Der bedeutende Ort erstreckte sich fast einen Kilometer lang am Nordwestufer des Sees Gennesaret.

Fischfang und die Verarbeitung der Fische waren die Haupterwerbszweige der Bewohner von Kafarnaum. Auf den steinigen Abhängen der Umgebung, die für die landwirtschaftliche Bearbeitung ungeeignet waren, weideten wie in biblischen Zeiten die Hirten ihre Herden. Doch das milde Klima brachte auch alljährlich reichen Erntesegen an Granatäpfeln und Oliven. Die vielen Ölpressen beweisen uns, daß zahlreiche Menschen auch in der Zubereitung des Öls ihren Lebensunterhalt fanden.

Daneben gab es aber auch viele Zöllner, die ihren Wohnort hier hatten. Denn Kafarnaum war Grenz- und Zollstation zwischen den Herrschaftsgebieten des Herodes Antipas und dessen Bruder Philippus, der mit der Stieftochter seines Bruders Antipas, der Salome, verheiratet war, welche die Enthauptung des Johannes des Täufers forderte.

Alle Waren aus dem Ostjordanland und dem Städteverband der Dekapolis mußten hier umgeschlagen und verzollt werden. Daneben hatten die Zöllner aber auch ihre Nebeneinnahmen durch die Besteuerung des Fischfangs.

Wie in allen Grenzstationen, so befand sich auch hier eine kleine römische Militärstation, die unter dem Befehl eines Hauptmanns stand.

Abbildung der Bundeslade. – Sie war die Wohnung Jahwes in seinem Volk. Die Bundeslade stand ursprünglich im Tempel zu Silo und später in Kirjat-Schearim. Von dort wurde sie von David nach Jerusalem überführt und später von Salomo im Hinterraum des Heiligtums des Tempels aufgestellt.

Jüngerberufung

Sofort ließen sie ihre Netze liegen und folgten ihm.

Mt 4,20

Trägt sich ein junger Mann mit der Absicht, einmal Rabbiner zu werden, so sucht er sich einen Rabbi, der ihm entspricht und schließt sich ihm als sein Schüler an. Andererseits wächst die Bedeutung eines Rabbis mit der Anzahl der Schüler, die er um sich sammelt. Dieser Üblichkeit entspricht die Berufungsgeschichte der Evangelien aber nicht. Hier wählen nicht die Schüler ihren Meister aus, vielmehr werden Simon und Andreas wie die Zebedäussöhne am See, mitten in ihrer alltäglichen beruflichen Tätigkeit, direkt und unmittelbar von Jesus aufgefordert, ihm nachzufolgen. Dieser Anruf „kommt her, folgt mir nach“ ist überaus fordernd. Er kann nur mit unbedingtem Gehorsam oder aber mit völliger Ablehnung beantwortet werden. Daß die Angesprochenen sofort Boot und Netze, Vater und Taglöhner verlassen, unterstreicht ihren Gehorsam. Zum anderen wird damit herausgestrichen, daß Nachfolge Jesu nicht aus dem freien und abgewogenen, gar durchgesprochenen Entschluß von ihm ergriffener Menschen erwächst. Jesus trifft allein die Entscheidung, wen er in seine Jüngerschaft beruft. Die betroffenen Menschen treten in der Berufungsgeschichte zugunsten dessen zurück, der souverän anspricht und die Aufgeforderten in eine Lebensgemeinschaft mit ihm stellt. Hier entscheidet zunächst Jesus. Erst dann haben die Menschen die Möglichkeit, sich zu entscheiden. „Nicht ihr habt mich erwählt, sondern ich habe euch erwählt.“ Wen der Herr aber – mitten am Tag, mitten in seiner Arbeit – anspricht, den ruft er dann aber auch heraus aus seiner bisherigen Umwelt und verlangt die Entschlossenheit, mit ihm zu ziehen und sein Schicksal zu teilen. Damit holt er sie herein in die Verheißung und das Angebot des ewigen Le-

Die St. Peterskirche am See Gennesaret.

bens. Doch fordert diese Teilnahme an der Gottesherrschaft auch, da sie nicht den wenigen von Jesus Angesprochenen vorbehalten ist, daß die Jünger als „Menschenfischer“ allen Menschen die Botschaft vom Gottesreich verkünden und die schon gegenwärtige Heilswirksamkeit erweisen. So empfangen die Jünger nicht nur das Heil, sondern werden schon in den Dienst der Verkündigung und in die Verantwortlichkeit für den Durchbruch des anbrechenden Gottesreiches hineingenommen.

Auch an uns, Herr, ergeht mitten am Tage Dein Anruf. Laß uns dieser Berufung Folge leisten und uns in Treue als Deine Jüngerschaft erweisen.
Als Jesus weiterging, sah er einen Mann namens Matthäus am Zoll sitzen und sagte zu ihm: Folge mir nach! Da stand Matthäus auf und folgte ihm.

Mt 9,9

Mit den Fischern, vielleicht auch mit einigen Handwerkern und Bauern Galiläas, beruft Jesus einfache Menschen in seine Nachfolge, keine idealisierten Gestalten. Niemand gehört der führenden Schicht an. Damit bewegt er sich aber immer noch in einer anerkannten Personengruppe, deren jüdische Frömmigkeit und gesellschaftliche Stellung keinen Anstoß erregt. Alle sind rein dem mosaischen Gesetz nach. Doch nun durchbricht er mit der Berufung des Zöllners die Schranken zwischen Reinen und Unreinen. Wegen Betrügereien, Zusammenarbeit mit der Besatzungsmacht, Abhängigkeit vom verhaßten halbheidnischen König Herodes und verunreinigendem Umgang mit Heiden gelten die Zöllner als Sünder, so daß die Zusammenstellung „Zöllner und Sünder“ für den Juden eine Charakterisierung dieser Personengruppe ist. Gemeinschaft und Beziehung mit ihnen werden gemieden, gehören doch die Zöllner aufgrund ihrer Mißachtung des Gesetzes nicht dem heiligen Volk an. Jesus widersetzt sich dem Begriff gesetzlicher Heiligkeit und sieht auch einen Zöllner an. Auf ihn trifft sein auswählender Blick, sein berufendes Wort zur Nachfolge, dem der Zöllner Matthäus augenblicklich folgt. Für ihn ist die Stunde der Zuwendung Gottes gekommen. Diese Erkenntnis schließt jeden Aufschub, jeden Einwand aus. Nun weiß er sich herausgeholt aus dem Dunkel der Verachtung und Ablehnung und angenommen, einbezogen in das neue Gottesvolk. Das ist die Absicht Jesu. Wie die Pharisäer will auch er ein heiliges Volk schaffen, das aus Gottes Vergebung lebt. Doch im Gegensatz zu jenen schließt Jesus niemanden vom Heilshandeln Gottes aus. Vielmehr wendet er sich gerade jenen zu, die der Vergebung und Liebe in besonderer Weise bedürfen. Diese Zuwendung schließt aber auch mit ein, daß einer jener „Kranken“, eben dieser Zöllner, in den engeren Kreis der Jüngerschaft gerufen und einbezogen wird.

Der damit recht illustre und über alle religiösen und gesellschaftlichen Schranken hinweg berufene Jüngerkreis, in dem mit dem Zöllner Matthäus und dem Zeloten Simon Kananäus selbst vermeintliche Todfeinde verbunden sind, spiegelt sich das alle umfassende neue Israel wider. Dieses Gottesvolk lebt in der neuen Gerechtigkeit und Barmherzigkeit Gottes, die sich auch dem Sünder zuwendet und ihn zurückruft ins Heil. Entscheidend hinsichtlich des Anteils am Gottesreich ist für „Gerechte“ wie für „Sünder“ die Entschlossenheit, dem Anruf Jesu zu folgen. Greift der Mensch aber, unabhängig von seiner Herkunft, Jesu Ruf auf, ereignet sich Versöhnung, Heimholen in die Gemeinde Gottes. Vorgeschichte, Umstände und Zeitpunkt der Bekehrung interessieren nicht. Bestimmend ist allein der Wille zur Umkehr und die Treue zu diesem Jesus, der sich abermals mit seiner Berufungsforderung als der für Juden und Heiden, Gerechte und Sünder gleicherweise gekommene Heilsbringer Gottes erweist.

Laß uns Deine Sendung und Liebe zu allen Menschen, Herr, fortwährend bewußt sein, damit wir uns nicht durch Selbstgerechtigkeit um das Heil bringen.

Seesturm

Jesus stand auf, drohte dem Wind und den Wellen, und sie legten sich, und es trat Stille ein. Dann sagte er zu den Jüngern: Wo ist euer Glaube? Sie aber fragten einander voll Schrecken und Staunen: Was ist das für ein Mensch, daß sogar die Winde und das Wasser seinem Befehl gehorchen?

Lk 8,24 b f

Daß die berüchtigten Fallwinde den See Gennesaret in ein unbändiges, bedrohendes Element verwandeln, war eine Erfahrung, auf die zur Kennzeichnung der eigenen Situation zurückzugreifen der Urgemeinde sich anbot. Könnten die dämonisch aufbegehrenden Kräfte besser bildhaft beschrieben werden, jene Mächte, die den schwachen Glauben der vor- und der nachösterlichen Jüngerschaft bedrängen? Nur zu oft erfahren die Jünger wie die Urgemeinde, die sich in jenen wiedererkannte, die Anfechtungen und Auseinandersetzungen, denen sie nicht gewachsen zu sein scheinen, zumindest nicht aus sich selbst heraus. Daß sie die Geborgenheit ihres Hauses und ihrer Familie zugunsten der Nachfolge Jesu aufgegeben haben, mindert ihre Bedrängnis nicht, erhöht sie vielmehr. Denn ihr einziger Halt ist nunmehr der, dessen mit Vollmacht vorgetragene Lehre, dessen Entschiedenheit und Anspruch sie betroffen gemacht hat, dessen Gewalt sie erschaudern läßt. Worauf haben sie sich eingelassen? Lebten sie bis zu ihrer Nachfolgeentscheidung in einem überschaubaren Lebensraum, den sie selbst bei allen Widrigkeiten im Griff hatten, verspüren sie jetzt, daß sie in einen Raum vorstoßen, in dem Mächte tätig sind, die ihre eigenen Kräfte übersteigen und überfordern. Hier geht es nicht nur um eine neue Lehre, hier wird eine neue Schöpfung geboren, gegen welche die zügellosen Gewalten des Chaos und des Bösen ankämpfen. Und die Jünger erfahren sich mitten in diesem Kampf, der ihnen das Vertrauen auf das eigene Können nimmt. Dies erkennend läßt Verzweiflung aufsteigen. Doch in die sich bemächtigende Mutlosigkeit und Angst vor dem Untergang wird die Frage gestellt: Wer ist dieser Mensch? In dieser Fragestellung klingt der Glaube der Jünger und der Gemeinde an. Das Vertrauen auf den Herrn drängt alles zurück, was fürchten lassen könnte. Denn in diesem Jesus mit seiner Gewalt über den Wind und das Meer erweist sich Gott selbst, der von Anbeginn der Schöpfung die Urflut bändigte und die Gewalten beherrschte. Wie Gott am Anfang handelte, wirkt er jetzt durch Jesus. Wie sich Israel in allen Wundern Gottes seiner allmächtigen Nähe erfreuen konnte, darf sich nunmehr die Jüngerschaft Jesu im Glauben dem Sturm trotzend des Beistands Jesu gewiß sein. Entscheidend ist, daß die nach dem Geheimnis um die Person Jesu gestellte Frage „Wer ist dieser Mensch?“ mit dem unbedingten Vertrauen beantwortet wird.

Angefochten und bedrängt laß uns, Herr der Gewalten, nicht in Furcht versinken, sondern bestärke uns in grenzenlosem Vertrauen, das allen Kleinglauben überwindet.

Am See Gennesaret.

In Vollmacht

Sie kamen nach Kafarnaum. Am folgenden Sabbat ging er in die Synagoge und lehrte. Und die Menschen waren sehr betroffen von seiner Lehre; denn er lehrte sie wie einer, der (göttliche) Vollmacht hat, nicht wie die Schriftgelehrten. Mk 1,21 f

Heißt es bei Markus von Johannes dem Täufer, Jesus, den Zwölfen und der Gemeinde, daß sie die Umkehr und die Freudenbotschaft verkünden, hebt der Evangelist heraus, daß nur Jesus lehrt. Aus der allgemeinen Verkündigung wird also die Lehre herausgehoben. Fehlt auch oft der Inhalt der Lehre, so wird unser Blick auf die Reaktion der Hörer gelenkt. Erstaunen und Betroffenheit werden in ihnen geweckt. Denn sie, die schon vielen Gesetzesauslegungen durch die Schriftgelehrten zuhören konnten, vernehmen nunmehr, daß sie mit göttlicher Vollmacht belehrt werden. Ihre Betroffenheit bestätigt diese Vollmacht, die sich nicht allein auf das gesprochene Wort beschränkt. Denn die Lehre Jesu bewegt Menschen, verändert und schafft neue Wirklichkeiten. Gerade in Kafarnaum, in „seiner Stadt", wird das offenbar. Hier offenbart Jesus seine Macht, vor der die Menschen erschrecken, solange ihre Augen noch gehalten sind und sie die göttliche Sendung Jesu nicht erkennen. Mangelt es noch an der Anerkennung seines Anspruchs, fehlt den Bürgern von Kafarnaum auch der gläubige Zugang zu seiner Lehre, so erahnen sie doch die Andersartigkeit Jesu. Denn sein Wort ist in einer bisher unerlebbaren Weise wirksam. Neues geschieht, Wort und Werk des Lehrenden bilden eine ungenannte Einheit: Hier heilt Jesus einen Gelähmten, einen vom unreinen Geist Besessenen, die Schwiegermutter des Petrus, die Frau mit dem Blutfluß, den Knecht des Hauptmanns, den Mann mit der verdorrten Hand und viele andere Kranke. Hier erweckt er die Tochter des Jairus von den Toten, beruft den Zöllner in seine Jüngerschaft und sitzt mit ihm und vielen Zöllnern und Sündern am Tisch. Damit werden die Mächte von Krankheit und Tod, die Grenzen zwischen rein und unrein gebrochen, von nun an ereignet sich Gnade, bricht das Reich Gottes an. Das ist die Vollmacht Jesu, die mit dem Wort als Tat den Himmel in die Gegenwart rückt und die Hölle vernichtet. Ein derartiger Auftritt oder Einbruch in das alltägliche Leben dieser wohl turbulenten Stadt mit ihrer Zollstation und Garnison wie blühendem Geschäftsleben muß Erschrecken und Furchtsamkeit wie daraus erwachsende Fragen hervorrufen und kann in seiner Wirkung gar nicht auf Kafarnaum allein beschränkt bleiben. So nimmt es nicht wunder, daß bald auch das Interesse von Pharisäern und Schriftgelehrten aus Jerusalem geweckt wird und sie sich hier auf die Auseinandersetzung mit Jesus einlassen. Doch war Kafarnaum, dessen Bürgerrechte Jesus wohl besaß, zwar „seine Stadt", so wird diese Zuneigung seitens der Mitbürger nicht geteilt. Ihre Augen bleiben gehalten, und sie versagen sich dem Schritt vom Staunen zum Glauben.

Öffne unsere Augen, Herr, daß wir die Vollmacht Deines Wirkens in unserem Leben erkennen und gläubig annehmen.

Heilungen

Herr, sei mir gnädig, heile mich, denn ich habe gegen dich gesündigt.
Ps 41,5

Wie alles Leid, alles Unheil, so wurde auch die Krankheit zunächst als göttliche Strafe für begangene Sünden angesehen. Zwar ist der Mensch durch den Sündenfall belastet, doch erst seine eigenen Taten, sein eigenes Verschulden, lassen ihn zum Sünder werden.
So heißt es im Buch Jesaja unter 59, 18:
„Wie es die Taten verdienen, so übt er Vergeltung."

Die verbreitetsten Krankheiten waren Schwindsucht, Entzündungen, Fieber und die Geißel der damaligen Menschheit, der Aussatz. Die von dieser Krankheit Befallenen lebten einsam, von der Umwelt isoliert. Zwar wußte man damals schon, daß der Aussatz nicht leicht übertragbar ist, doch das furchtbar entstellte Antlitz des Kranken ließen die Menschen diesen Anblick meiden. Das Buch Levitikus erzählt uns ausführlich über den Aussatz und die Aufgabe der Priester bei dessen Behandlung. Auch hierbei spielte das Sünd- und Sühneopfer eine wesentliche Rolle. Beim Lesen des Textes denken wir an den frommen, gottesfürchtigen Job und dessen entsetzliche Leiden.

War es notwendig, daß ein kranker Mensch eine bestimmte Speise zur Heilung zu sich nehmen mußte, so wurden die Speisegesetze aufgehoben. Bei ernsthaften Erkrankungen, wo Lebensgefahr bestand, wurden alle Gesetze ungültig, ja sogar die Heiligung des Sabbats wurde in einem solchen Fall aufgehoben.

Wir erkennen hier, daß der Mensch vor den Gesetzen kommt, trotz aller Bemühungen, sich starr am Gesetz festzuklammern. Denn der Mensch ist das Geschöpf Gottes und alles muß versucht werden, ein Menschenleben zu retten. Doch das Können des besten Arztes kann nur mit der Hilfe Gottes wirksam werden. Deshalb gehören ärztliche Kunst und Gebet zusammen, denn Gott allein ist der „Arzt", von dem alle Heilung kommt.

Sie verließen die Synagoge und gingen zusammen mit Jakobus und Johannes gleich in das Haus des Simon und Andreas. Die Schwiegermutter des Simon lag mit Fieber im Bett. Sie sprachen mit Jesus über sie, und er ging zu ihr, faßte sie an der Hand und richtete sie auf. Da wich das Fieber von ihr, und sie sorgte für sie.
Mk 1,29–31

Mit der Heilung der Schwiegermutter des Simon vom Fieber berichtet Markus von der ersten Krankenheilung Jesu. Damit setzt Jesus ein Zeichen für das Heilsangebot Gottes und bekräftigt die Vollmacht seiner Lehre. Auch hier tritt er wie zuvor in der Synagoge den dämonischen Kräften entgegen – gehen doch für die Juden Krankheit und Tod auf dämonische Mächte zurück. Mit seiner heilenden Hand vertreibt er die Krankheit. Damit wird ausgesagt, daß die Gottesherrschaft angebrochen ist und die Unheilsmächte durch die Vollmacht Gottes, in der Jesus auftritt, gebannt sind. Nichts kann letztlich mehr den Frieden des Gottesreiches stören und seinen Siegeszug aufhalten. Das Bild familiärer Wärme im Hause des Simon, bei dem er zuhause war (Mk 2,1 f), und die Tischgemeinschaft, bei der die geheilte Schwiegermutter aufwartet, unterstreicht diese Aussage. Doch darf diese Vorstellung nicht dazu verleiten, Jesus zur Beseitigung irdischer Nöte gleichsam in Anspruch zu nehmen. Das hieße, beim Vordergründigen stehenzubleiben und die Absicht Jesu Handelns außer acht zu lassen. Die Gefahr bestand in Kafarnaum. Denn nur so ist zu erklären, daß man ihm am Abend alle Kranken und Besessene um ihrer Heilung willen brachte. Diese Gefahr besteht heute ebenso. Die Heilungen sind nicht in sich abgeschlossene, isoliert stehende Handlungsweisen Gottes, sondern greifen als Zeichen der angebrochenen Gottesherrschaft weit über die in ihnen vermittelte Hilfe hinaus. Doch ist diese Sicht dem glaubenden Menschen vorbehalten, der den Sinn des Handelns Jesu erfaßt und sich so vor jeder magischen Betrachtung bewahrt. Deshalb wird er auch im Gegensatz zu den Juden in der Synagoge von Kafarnaum keinen Anstoß an den Worten Jesu nehmen, die das erfahrbare Geschehen auf seine Sendung und Beauftragung durch den Vater her deuten, und ihm mit den Zwölfen die Treue bewahren.

Laß uns in allem, Herr, was wir aus Deiner gütigen Hand empfangen, den Anbruch Deines Reiches erkennen, was denen verheißen ist, die an Dich glauben.

Christi Lehre in Zeichen: Die Heilung eines Gelähmten (Mt 9, 1–8).

Die Schriftgelehrten

> Wer Gott sucht, nimmt Belehrung an, wer sich ihm zuwendet, erhält Antwort. Wer im Gesetz forscht, entdeckt seinen Wert, wer aber heuchelt, verfängt sich darin.
>
> Sir 32,14–15

Nicht nur die Thora, die fünf Bücher Mose, sondern auch die Schriften der Propheten und die anderen Bücher des Alten Testaments bilden die „Heilige Schrift", in welcher sich das Gesetz Gottes offenbart.

Das Leben eines jeden Juden war aufs engste mit diesem Gesetz verbunden, jeder mußte es kennen und befolgen. Aus dieser Notwendigkeit heraus entwickelte sich der Stand der Schriftgelehrten.

Zur Zeit Jesu waren sie Lehrer, Theologen und Juristen in einer Person und übten auch das Richteramt aus. Anfänglich waren die Schriftgelehrten nur Abschreiber der Heiligen Schriften und wurden als solche bereits im ersten Buch der Könige unter 4,3 und bei Jeremia 36,37–32 erwähnt.

Später wurden sie dann auch Übersetzer; die Schriften waren in hebräisch verfaßt, das Volk aber sprach nur aramäisch.

Zur Zeit Jesu bildeten sie bereits einen eigenen, mächtigen, vom Priestertum unabhängigen Gelehrtenstand, sie waren Lehrer, Theologen, Rechtskundige, und überall dort, wo eine Schule, ein Bet-Haus oder eine Synagoge war, machten sie ihren Einfluß geltend.

Einer der hervorragendsten Schriftgelehrten jener Zeit war Simon ben Sira, besser bekannt als Jesus Sirach, Verfasser eines Buches mit Sprichwörtern, moralischen und praktischen Regeln und Ratschlägen.

Die Schriftgelehrten entstammten allen sozialen Schichten und Berufen. Wir finden unter ihnen Kaufleute, Handwerker, Bauern und Fischer. Aber alle hatten ein jahrzehntelanges Studium hinter sich und waren zumindest „Talmidej – chachamim", d. h. nichtordinierte Gelehrte, wenn schon nicht „Samcha", d. h. ordiniert und durften sich dann mit Recht den Ehrentitel Rabbi (Meister) zulegen. Unter den Schriftgelehrten gab es viele, die auch der pharisäischen Richtung angehörten. Andere bekannten sich zur Auffassung der Sadduzäer. Sie saßen ebenbürtig im Hohen Rat neben den Ältesten und dem Hohenpriester, und ihre Entscheidungen wurden ohne weiteres von Sadduzäern und Pharisäern anerkannt und befolgt.

Sie waren die theologischen und juristischen Experten, Männer, die ernsthaft nach der Wahrheit forschten, und genossen aufgrund ihres Wissens und ihrer Bildung hohes Ansehen im Volk; waren es doch sie, die sich berufen fühlten, das „Wort" zu verkünden und zu lehren, und nicht die Priester.

Sie lasen aus dem Buch, dem Gesetz Gottes, in Abschnitten vor und gaben dazu dann Erklärungen, so daß die Menschen das Vorgelesene auch verstanden, so berichtet uns das Buch Nehemia unter 8,7–8.

Sie gründeten immer neue Lehrhäuser und sammelten zahlreiche Jünger um sich, mit denen sie in endlosen Debatten und oft unfruchtbaren Grübeleien das Gesetz und dessen Auslegung bis in die frühen Morgenstunden hinein diskutierten.

Zu den berühmtesten dieser Schriftgelehrten gehörten Hillel, einer der hervorragendsten Gestalten des Pharisäertums und rabbinische Autorität, sowie sein ebenso gelehrter Kollege Schammaj. Beide lebten im ersten vorchristlichen Jahrhundert.

Die Überreste der Synagoge von Kafarnaum. – In Kafarnaum hatte Jesus vorübergehend gewohnt (Mt 4, 13), und er lehrte auch wiederholt in dieser Synagoge.

Und er lehrte sie ...

Als Jesus die vielen Menschen sah, stieg er auf einen Berg. Er setzte sich, und seine Jünger traten zu ihm. Dann begann er zu reden und lehrte sie.

Mt 5,1 f

Im Norden des Sees Gennesaret hat sich aufgrund seiner fast fehlenden Besiedlung noch die ursprünglichste Uferlandschaft bewahrt. Hier ist oft die Erfahrung der Pilger, das Rauschen des Windes wie den Wellenschlag intensiver zu hören und damit zurückgeführt zu werden in die Zeit Jesu. Und so ist es vielleicht mehr als eine fromme Einbildung, daß Hänge und Ufer noch widerhallen vom Wort, das er hier gesprochen hat. Dicht wie diese Erfahrung ist auch die Rede Jesu, die hier seit früher Zeit lokalisiert wird. In dieser Bergpredigt, wie sie nach Matthäus oder nach Lukas als Feldpredigt bezeichnet wird, schlägt sich in komprimierter Form ein großer Teil der Lehrinhalte Jesu nieder. Jedes einzelne Wort ist wohl eine Zusammenfassung einer Predigt, eine Quintessenz eines Lehrgesprächs oder ein Resultat eines Streitgesprächs. Diese Kurzformeln wurden dann zu der großen Redekomposition zusammengestellt, die den ganzen Anspruch Jesu offenlegt. Denn trotz einiger Parallelen zum Talmud sprengt Jesus den Rahmen des Judentums. In seinen Antithesen („ich aber sage euch") tritt er selbst der Thora entgegen. Damit steht er im schneidenden Gegensatz zur rabbinisch-pharisäischen Frömmigkeit und bricht mit ihr. Seine Auseinandersetzung mit den Schriftgelehrten und Pharisäern verlangt allen, die ihm folgen wollen, eine andere, eine neue Gerechtigkeit ab. So hat noch kein Prophet gesprochen, das kann nur einer, der die Vollmacht besitzt, den göttlichen Willen zu lehren. Mit den Seligpreisungen, welche die Bergpredigt einleiten, wird der an Jesus Glaubende und nach seinem Wort Handelnde in eine Freiheit geführt, die nur das neue, mit Jesus angebrochene Gottesreich kennt. Jene Seliggepriesenen können als Arme, Trauernde, Demütige, nach Gerechtigkeit Hungernde und Dürstende, Barmherzige, Aufrichtige, Friedensstifter und Verfolgte von dieser Welt nichts mehr erwarten, sind sie doch an die Grenzen der Welt und ihrer Möglichkeiten gestoßen. Dafür überschreitet nunmehr Gott diese Grenzen auf jene zu, die auf ihn warten. Ist sein Reich noch nicht endgültig aufgerichtet, so leuchtet es doch schon in der Leben jener Bedrängten hinein, allerdings nicht als Vertröstung auf ein jenseitiges Glück, sondern als Zusage Jesu: Euer Heil erfahrt ihr schon jetzt, da Gottes Herrschaft auf euch zukommt. Alle Umschreibungen der göttlichen Zuwendung in den Seligpreisungen münden in den Kernsatz: Gott handelt. Damit ist die Zeit der wagen Sorge und Trauer vorbei und angebrochen die Freudenzeit der Gottesherrschaft. Der aus der Bergpredigt fließende Jubelruf hallt von den Hängen des Sees wider und schwingt sich fort durch alle Zeit: Das Reich Gottes ist nahe.

Herr und Gott, erfülle uns mit der Freude auf Dein kommen und Dein Reich.

Abbildung einer Menorah auf einem korinthischen Säulenkapitell. – Sie ist die Abbildung des siebenarmigen goldenen Leuchters im Heiligtum, dessen Lampen ununterbrochen für Jahwe brennen sollten.

Überreste des Petrushauses in Kafarnaum.

Brot des Lebens

Am Morgen lag eine Schicht von Tau rings um das Lager. Als sich die Tauschicht gehoben hatte, lag auf dem Wüstenboden etwas Feines, Knuspriges, fein wie Reif auf der Erde. Als das die Israeliten sahen, sagten sie zueinander: Was ist das? Denn sie wußten nicht was es war.
Da sagte Mose zu ihnen: Das ist das Brot, das der Herr euch zu essen gibt. Das ordnet der Herr an; sammelt davon so viel, wie jeder zum Essen braucht ...

Ex 16,14–16

Manna war die Nahrung, die Gott wunderbarerweise für sein Volk bereitete, als es in der Wüste wanderte und vor Hunger verzweifelte und sich immer wieder an Ägypten erinnerte, wo es genug Fleisch und Fisch zu essen hatte. Wenn uns diese Speise im obigen Text als eine Art Rauhreif geschildert wird, so steht im Buch Numeri (11,7–9):

„Das Manna war wie Koriandersamen und es sah wie Bdelliumharz aus. Die Leute pflegten umherzugehen und es zu sammeln; sie mahlten es mit der Handmühle oder zerstampften es im Mörser, kochten es in einem Topf und bereiteten daraus Brotfladen. Es schmeckte wie Ölkuchen. Wenn bei Nacht der Tau auf das Lager fiel, fiel auch das Manna."

Jeder durfte soviel Manna einsammeln, wie er für sich und die Seinen zum Essen benötigte. Es mußte jedoch bis zum Morgen gegessen werden, weil es in der Glut des Tages sofort verdarb. Nur am Freitag, dem Tag vor Sabbat, durften die Menschen eine doppelte Portion einsammeln. Und wunderbarerweise hielt sich die Speise, ohne zu verderben. Zur Erinnerung daran liegen auch heute noch auf dem festlich gedeckten Sabbattisch im jüdischen Haus 2 Laib Brot, die doppelte Portion symbolisierend.

Während des ganzen Wüstenaufenthaltes versorgte Gott sein Volk mit Manna, so seine Fürsorge offenbarend. Erst beim Überschreiten des Jordans verschwand auch dieses Wunder.

Doch getreu dem göttlichen Befehl, den Mose an Aaron weitergab: „Nimm ein Gefäß, schütte ein volles Gomer Manna hinein und stell es vor den Herrn; es soll für die nachkommende Generation aufbewahrt werden"; wurde im Allerheiligsten des Tempels ein Topf mit dieser Wüstenspeise aufgestellt.

Das Manna war jedoch nicht nur die Nahrung des Volkes während der vierzig langen Jahre in der Wüste, nicht nur ein Zeichen göttlicher Fürsorge für das Wohlergehen, es war auch die „Himmelsspeise", das Zeichen, welches Gott für die Endzeit gesetzt hat.

Denn die Nahrung, welche die Israeliten einst in der Wüste am Leben erhielt, wird auch in den Tagen des Messias erneut vom Himmel fallen, und sie werden dann wieder davon essen.

Du sollst Feinmehl nehmen und daraus zwölf Kuchen backen; aus zwei Zehntel Efa Feinmehl soll jeder einzelne Kuchen zubereitet sein. Dann sollst du sie in zwei Schichten, sechs in jeder Schicht, auf den Tisch aus reinem Gold vor den Herrn legen. Auf jede Schicht sollst du reinen Weihrauch tun; er soll der Gedächtnisanteil des Brotes sein, ein Feueropfer für den Herrn. Sabbat für Sabbat soll man die Brote vor dem Herrn zurichten als dauernde Bundesleistung von seiten der Israeliten. Sie gehören Aaron und seinen Söhnen, die sie an einem heiligen Ort essen sollen; denn sie sind für ihn etwas Hochheiliges, ein dauerndes Anrecht von den Feueropfern des Herrn.

Lev 24,5–9

Diese sogenannten Schaubrote erhielten diesen Namen, weil sie in einer an zwei Seiten offenen Form gebacken wurden und somit sichtbar waren. Die zwölf Brote symbolisieren natürlich die zwölf Stämme Israels. Die Art der Zubereitung und der ständigen Aufbewahrung der Brote im Allerheiligsten, später dann auch im Tempel, wird uns im biblischen Text genau beschrieben. Sie wurden auf einen goldenen Tisch vor Beginn des Sabbats gelegt und blieben dort bis zum folgenden Sabbat. Dann wurden diese Brote zwischen den Priestern, die ihren Wochendienst im Tempel beendeten, und der neuen Ablösung geteilt.

Die Brote durften nur von Priestern und dann nur im Zustand völliger ritueller Reinheit verzehrt werden.

Im 1. Buch Samuel 21,1–7 wird uns berichtet, wie David auf seiner Flucht von dem Priester Ahimelech in der Priesterstadt Nob in Ermangelung von gewöhnlichen fünf dieser heiligen Brote erhielt, wie Ahimelech dann für diese Sünde bestraft wird, wie dessen ganze Sippe, aber auch alle Priester und deren Familien sowie sämtliche Tiere dieser Stadt auf Befehl Samuels durch das Schwert umkamen.

Und alle aßen und wurden satt.

Mk 6,42

Vor seinem Tode bittet Mose den Herrn am Ende der Wüstenzeit, die Gemeinde des Herrn solle nicht sein wie Schafe, die keinen Hirten haben (Num 27,17). Daran knüpft Jesus als der neue Mose an. Die Zeit der messianischen Erwartung hat sich erfüllt. Das Erbarmen Gottes über jene, die wie Schafe waren, die keinen Hirten haben, hat in Jesus Gestalt angenommen und wird gegenwärtig. Denn von nun an bildet sich das neue Gottesvolk, dem Gottes Sorge und Zuwendung gilt. Jesus sammelt die Menschen um sich, sie kommen und gehen, laufen ihm nach. Ihnen gilt es das Geheimnis des Gottesreiches zu offenbaren. Dies geschieht zunächst in der Lehre. Doch auch nach der Predigt, wenn der Hunger beginnt, ist Jesus für die Menschen da. Die Gemeinschaft mit ihm umfaßt den ganzen Menschen, bezieht also – wie so oft in den Evangelien – Essen und Trinken mit ein und zeigt, daß der in allem bedürftige Mensch seine Erfüllung im neuen Gottesreich findet, das mit Jesus angebrochen ist. Er entläßt die Menschen nicht, sondern führt sie vielmehr zusammen zu einer Mahlgemeinschaft, die niemanden ausschließt und hungern läßt. Nicht nur für die Jünger ist die Möglichkeit unvorstellbar, alle zu sättigen. Doch die Vollmacht Jesu übersteigt alle menschliche Vorstellungskraft. Nachdem die Jünger der Person und Spendung Jesu sowie der Beauftragung durch ihn Unverständnis zeigen, greift der Herr ein. Er erfragt die Menge der vorhandenen Speise, befiehlt den Jüngern, die Menschen Platz nehmen zu lassen, und läßt die Brote nach Lobpreis und Brotbrechung – wie der jüdische Hausvater – unter die Menschen verteilen, ebenso die Fische. Mit ihrem Unverständnis zeigen die Jünger an, gegen welche Blindheit der Herr ankämpfen muß, um sich dieser Welt zu offenbaren. Sucht dieses Wunder auch den Glauben, so wird doch diese Antwort verweigert. Eine größere Erniedrigung Gottes ist kaum vorstellbar. Daß sie dennoch geschehen wird, erweist sich darin, daß dem Abendmahl, auf das die Urgemeinde die Speisungsgeschichte bald bezogen hat, der Kreuzestod folgen wird. Und dennoch: Trotz Blindheit und Unverständnis läßt der Herr nicht ab, engste Gemeinschaft in der sich offenbarenden Nähe im Mahl mit den Menschen zu halten. So ist die Speisung am See wie im Abendmahlsaal eine fortwährende Wirklichkeit und Wirksamkeit.

Herr, bewahre uns davor, daß wir uns der angebotenen Mahlgemeinschaft mit Dir verschließen und uns selbst so um Deine spürbare Zuwendung und Liebe bringen.

Dieses Mosaik befindet sich in Tabgha. Nach frühchristlicher Tradition hat hier die erste wunderbare Brotvermehrung stattgefunden. In byzantinischer Zeit wurde die bestehende Kirche mit Bodenmosaiken ausgestattet. Das Mosaik im Altarraum mit dem Brotkorb und den Fischen erinnert an die Brotvermehrung.

Blick auf den See Gennesaret von der Benediktionskirche aus.

Tiberias

Die herrliche Landschaft am Westufer des Sees Gennesaret war schon immer bei Griechen und Römern wegen ihrer Schönheit, dem milden Klima im Winter und der heißen Heilquellen beliebt.

Hier stand einst, die bei Josua 19,35 erwähnte kleine jüdische Stadt Rakkat, von der wir nur sehr wenig wissen. Herodes Antipas, der prunksüchtige Sohn Herodes d. Gr., ließ auf den Trümmern des Ortes in den Jahren 14–18 eine große schöne Stadt erbauen, welche er nach seinem Freund und Förderer, dem Kaiser Tiberius, benannte.

Im Judentum wurden die Friedhöfe außerhalb der Stadtmauern angelegt, da Tote und somit auch die Gräber rituell als unrein galten. Arme und Reiche, Aristokraten und Fischer wurden nebeneinander begraben, da der Tod alle Menschen gleich macht. Ausnahmen bildeten die Priester, die oft in Familiengrüften bestattet wurden. Selbstmörder, Abtrünnige und Menschen mit schlechtem Leumund bestattete man außerhalb der Gräberreihen, hart an der Mauer des Friedhofs.

Der Friedhof, im Alten Testament „Haus der Ewigkeit“ oder wie im Buch Ijob „Haus der Lebenden“ genannt, genoß eine gewisse Heiligkeit, und jegliches weltliche Leben war dort verboten. Selbst für den Besuch der Gräber bestanden bestimmte Vorschriften.

Über den jüdischen Gräbern entstanden neue prachtvolle Häuser aus dem für Tiberias typischen schwarzen Basaltstein und zahlreiche Tempel für die römischen Gottheiten.

Somit war den Juden das Betreten dieser Stadt strengstens verboten. Tiberias wurde als „unrein“ erklärt. Ein Übertreten dieses Verbots machte den Schuldigen für sieben Tage unrein. Deshalb wird Tiberias auch weder im Alten noch im Neuen Testament erwähnt.

Wir dürfen mit Sicherheit annehmen, daß auch Jesus und seine Jünger als gesetzachtende Juden deshalb diese Stadt mieden. Flavius Josephus berichtete uns, wie Antipas mit Versprechungen und Drohungen versuchte, die Bewohner Galiläas in seiner neuen Stadt anzusiedeln, doch zunächst ohne Erfolg. Schließlich sah er sich gezwungen, Obdachlose, Bettler und Landesfremde in Tiberias aufzunehmen.

Und die Stadt wurde bald zum Zentrum der römischen Verwaltung und zum beliebten Erholungsort römischer Beamter und Offiziere der Legionen.

Daher gab es zahlreiche prächtige Bauten hellenistischer Prägung, so einen königlichen Palast, der zur Zeit des Vespasianischen Krieges den Aufständischen zum Opfer fiel und zerstört wurde. Die Verfassung der Stadt war hellenistisch, sie verfügte über einen Boulé, einen Rat, von 600 Mitgliedern, an deren Spitze ein Archon (Bürgermeister) und die zehn Ersten standen. Tiberias wurde offiziell zur Hauptstadt Galiläas erhoben und nach dem Tode von Herodes Agrippa I. unter die Oberhoheit der römischen Procuratoren von Judäa gestellt. Ihre wichtigen Verwaltungsfunktionen behielt sie bis in die Zeit des Kaisers Nero. Später eroberte Vespasian die Stadt kampflos; etwa um das Jahr 100 n.Chr. kam sie endgültig unter römische Herrschaft. Zeitweilig wurde der See Gennesaret auch See Tiberias genannt.

Das Gesetz

Denkt nicht, ich sei gekommen, um das Gesetz und die Propheten aufzuheben. Ich bin nicht gekommen, um aufzuheben, sondern um zu erfüllen.
Mt 5,17

Daß Jesus Quasten an seinem Gewand trägt, den geheilten Aussätzigen zum Priester schickt, den reichen Jüngling auf die Gebote verweist, seinen Gegnern den Zehnten von Minze, Dill und Kümmel nicht zum Vorwurf macht, zeigt seine gesetzestreue, eher konservative Haltung an. So wird er

Geöffnete Thorarolle. – Die Thora enthält die Gesetze, die Gott dem Moses für das Volk vermittelt hat. Während des Synagogengottesdienstes ist die Thora geöffnet und es wird aus ihr vorgelesen.

Üblicherweise ist die Thora in einem Behältnis verschlossen.

über die genannten Beispiele hinaus auch weitere Gesetze und Gebote beachtet haben. Darin ist wohl der Grund zu suchen, daß er Tiberias mied und umging. Diese Stadt war nämlich unrein, da sie von Herodes Antipas auf alten Gräbern erbaut worden war. So wird sie auch im Evangelium mit der Ausnahme von Joh 6,1 („der auch See von Tiberias heißt") nicht genannt. Doch trotz seiner strengen Gesetzesbefolgung gerät er mit dem Gebot in Konflikt: Er bricht den Sabbat, übertritt die Fastengebote und die Reinigungsordnung und löst die Ehegesetzgebung des Mose auf. Diese Widersprüchlichkeit wird noch verstärkt durch sein Wort, er hebe nicht das Gesetz und die Propheten auf, sondern erfülle die mit den alttestamentlichen Weisungen gegebene Lebensordnung. Dieses Wort jedoch zielt darauf ab herauszuheben, daß sich das Gesetz mit Jesus erfüllt. Hält er es ein oder setzt sich darüber hinweg, so geschieht das immer um der Erfüllung des Gesetzes willen. Denn es geht ihm nicht um die punktuelle, voneinander unabhängige Befolgung des einzelnen Gebots, sondern um die Erfüllung des Gesetzes als Ganzes. Das heißt, daß in allem Gottes Liebe und die daraus erfolgende Nächstenliebe sichtbar werden müssen. Beinhaltet die messianische Naherwartung seiner Zeit, daß mit dem Kommen des Messias als sein Gesetz alle, die dem Volk Gottes angehören, die Vergebung der Sünden empfangen, so ist diese Hoffnung im Kommen Jesu erfüllt worden. Eine neue Gerechtigkeit bricht mit ihm an, die das Gesetz nicht aufhebt, sondern seinen tiefsten Sinn erschließt, der den Israeliten verborgen bleibt, solange sie sich nicht zu Christus bekennen (s. 2 Kor 3,14–16).

Bestärke uns in der Treue zu Dir Herr, damit wir in der Befolgung Deiner Gebote Deine Liebe und unsere Liebe zueinander erfahren.

Heidentum

> Du sollst neben mir keine anderen Götter haben. Du sollst dich nicht vor anderen Göttern niederwerfen und dich nicht verpflichten, ihnen zu dienen. Denn ich der Herr, dein Gott, bin ein eifersüchtiger Gott.
>
> Ex 20, 3 und 5

Noch bei Paulus heißt es im ersten Korintherbrief: „Als ihr noch Heiden wart, zog es euch, wie ihr wißt, mit unwiderstehlicher Gewalt zu den stummen Götzen."
Zwar verabscheuten die Juden jegliche Verehrung von Bildern der menschlich dargestellten griechischen und römischen Gottheiten und der heiligen Tiere. Doch zog es die Menschen aller Zeiten immer wieder zu den fremden, sichtbaren Götzen.

Das Alte Testament berichtet uns, wie die Propheten aller Zeiten mit Hohn und beißendem Sarkasmus, in gewaltigen Worten, gegen die Verehrung fremder Götter zu Felde zogen, wie gegen den Baalskult und gegen die Verehrung der Fruchtbarkeitsgöttin Astarte.

Auf das engste verbunden mit der scharfen Trennung von Heiden und Juden waren auch die israelitischen Speise- und Reinheitsgesetze, die in den Augen der Heiden einfach ein Greuel waren und deshalb Grund genug schienen, die Juden deswegen zu verspotten und zu verleumden. So durften die Juden kein Schweinefleisch essen, da es als unsauber und gesundheitsgefährdend galt, und außerdem das Schwein als heiliges Tier dem Gott Saturn geweiht war. Antiochus IV. von Syrien ordnete zwangsweise das Essen von Schweinefleisch an und schuf damit unzählige Märtyrer, die lieber in den Tod gingen als eine solche Sünde zu begehen. Bei den Heiden war die Meinung verbreitet daß die Juden kein Schwein aßen, weil sie es im geheimen selbst verehren. Andere, wie der Philosoph Plutarch, behaupteten allen Ernstes, daß die Juden kein Schwein anrühren, weil es unrein sei und am Bauch oft vom Aussatz befallen war, weil es seine Augen immer auf der Suche nach Futter auf den Boden richte, statt in den Himmel zu schauen.

Für den gläubigen Juden andererseits waren die Heiden einfach unwissende Narren, die sich nicht scheuten, ihre Seelen in den unreinen Schweinen wohnen zu lassen.

Alle heidnischen Schriftsteller waren sich darin einig, daß die jüdischen Reinheits- und Speiseangebote den Juden als Grund dazu dienten, sich von anderen Nationen absondern zu können, eine Ansicht, die auch im frühen Christentum durchaus noch sehr populär war.

Doch dieses Gesetz, einst von Mose übergeben, diente ausschließlich der Selbstheiligung des Volkes und war dazu bestimmt, das Gefühl des körperlich und seelisch Reinen wachzuhalten, denn es steht geschrieben:

„So unterscheidet zwischen reinem und unreinem Vieh, zwischen unreinen und reinen Vögeln. Macht euch nicht selbst abscheulich mit diesen Tieren, diesen Vögeln, mit allem was auf dem Boden kriecht. Ich habe es für euch als unrein unterschieden. Seid mir geheiligt, denn ich der Herr bin heilig, und ich habe euch von all diesen Völkern ausgesondert, damit ihr mir gehört."

Als Jesus an das andere Ufer kam, in das Gebiet von Gadara; liefen ihm aus den Grabhöhlen zwei Besessene entgegen. Sofort begannen sie zu schreien: Was haben wir mit dir zu tun, Sohn Gottes? Bist du hergekommen, um uns schon vor der Zeit zu quälen?

Mt 8, 28 a. 29.

Eine der im Ostjordanland gelegene Gruppe von hellenistischen Städten, die zu einem Städtebund zusammengeschlossen waren, der den Namen Dekapolis trug, war Gergesa. Diese wie Gadara, beide in Nähe des Sees Gennesaret, werden neben Gerasa, das aber etwa 55 km landeinwärts liegt und von daher ausscheidet, als Ort der Besessenenheilung genannt. Die christliche Tradition hat sich schon im 4. Jahrhundert für Gergesa, dem heutigen „el-Kursi", entschieden. Hier wird neben dem Gebiet von Tyrus und Sidon die Begegnung des Herrn mit dem Heidentum angesiedelt. In der Heilungsgeschichte weisen die Nennung der Gräber als Wohnstätten die Anbetung der Dämonen wie die bei Juden verpönte und verbotene Schweineherde dieses Gebiet am Ostufer des Sees als unrein aus. Hier herrscht für die Juden die Unheilsmacht des Heidentums, dessen dämonischer Ungeist. Wie Jesus sich im Seesturm den dämonischen Naturgewalten gegenübergestellt sah, begegnen diese ihm nun in den Menschen, in den heidnischen Besessenen. Bei Matthäus sind jene ebenso bedrohend und gefährlich wie die Sturmgewalten. Doch auch hier erweist sich Jesus als der Herr über die dämonischen Mächte. Mit der Anerkennung des Gottessohnes durch die aus den Besessenen sprechenden Dämonen und der Heilung jener wird die Überwindung des Bösen durch das in Jesus angebrochene Gottesreich erwiesen. „Vor der Zeit", also schon vor dem endgültigen Einbruch der Gottesherrschaft, wird die Macht der Dämonen von Jesus gebrochen. Er jagt sie mit seinem machtvollen Wirkungwort von dannen, und sie kommen in den Fluten um. Dem Siegeszug kann sich nichts mehr entgegenstellen. Das Reich Gottes schreitet unaufhaltsam voran und wird über Israel hinaus verkündigt. Daran mahnt uns der Auftrag Jesu an den Geheilten (bei Markus und Lukas ist nur von einem Besessenen die Rede) er möge seinem Hause die Heilstatt Gottes verkünden (Mk 5,19). Denn daß die Bewohner der Stadt über dieses Heilungsgeschehen noch nicht zum Glauben gekommen waren, ist der Bitte zu entnehmen. Jesus möge ihr Gebiet verlassen: Die immer auftauchende Furcht vor der Veränderung, die mit der Aufnahme des angebrochenen Gottesreiches einsetzt, der selbstzerstörerische Wille, im finstern des Heidentums, des Unglaubens zu verbleiben. Dagegen hat Jesus anzukämpfen. Wenn er auch den Geheilten nicht mit sich ziehen läßt, so nimmt er ihn doch in seine Nachfolge, die hier aber eine andere Richtung erfährt. Wurden die einen aus ihrem Hause gerufen, wird hier der ehemals Besessene gegen seinen Willen in sein Haus zurückgeschickt. Die Verkündigung der Freudenbotschaft bedarf unterschiedlicher Wege. Entscheidend ist, wie sie am besten Verbreitung findet. An die Sendung des Geheilten von Gergesa knüpft die Missionierung der Heiden an. Allen Völkern wird das Heil zuteil.

Damit sich auch in uns nichts Deinem Wort und Werk entgegenstellen möge, entreiße uns, Herr, allem Bösen und jeglicher Angst.

Dann begann er den Städten, in denen er die meisten Wunder getan hatte, Vorwürfe zu machen, weil sie sich nicht bekehrt hatten. Weh dir, Chorazin! Weh dir, Betsaida! Wenn einst in Tyrus und Sidon die Wunder geschehen wären, die bei euch geschehen sind – man hätte dort in Sack und Asche Buße getan. Ja, das sage ich euch: Tyrus und Sidon wird es am Tag des Gerichts nicht so schlimm ergehen wie euch. Und du, Kafarnaum, meinst du etwa, du wirst bis zum Himmel erhoben? Nein, in die Unterwelt wirst du hinabgeworfen. Wenn in Sodom die Wunder geschehen wären, die bei dir geschehen sind, dann stünde es noch heute.

Mt 11,20–23

Galiläa und vor allem das Gebiet um den See Gennesaret sind „sein Land". Hier begann Jesus sein öffentliches Wirken, zog durch Städte und Dörfer und lehrte alle Menschen. Die Botschaft vom angebrochenen Gottesreich verstärkte er durch die Zeichen und Wunder. Besonders Kafarnaum, „seine Stadt", überhäufte er mit Wohltaten. Dieser Landstrich mit seinen Orten wurde zum geographischen Mittelpunkt der Predigt vom Reich Gottes. Trotz der besonderen Zuwendung Jesu verweigern sich aber die Städte und Menschen dort. Sie glauben seinen Worten nicht, und auch seine Werke können nicht überzeugen. Chorazin, Betsaida und Kafarnaum haben sich nicht bekehrt. Wenn Matthäus schreibt, Jesus machte diesen Städten Vorwürfe, so steht dahinter zum einen die menschliche Enttäuschung, die Traurigkeit darüber, daß das Heilsangebot nicht angenommen wird. Zum anderen aber hebt Jesus zu einer Gerichtsrede an. Der Ruf „Wehe dir!" schafft wirksam das Unheil, wie die Seligpreisungen schon das Heil zur gegenwärtigen Wirklichkeit machen. Dieses angebrochene Unheil haben diese Städte aber selbst verschuldet. Denn offenbarer und in größerer Fülle haben sich nirgendwo Macht und Kraft des Geistes, die Vollmacht Jesu, die Überwindung des Bösen wie das Erbarmen Gottes gezeigt. Die Bewohner der Städte hätten sich bekehren, zum Glauben an ihn und an die mit ihm angebrochene Gottesherrschaft kommen müssen. Doch sie haben dieses fortwährende Umwerben Gottes verworfen.

Nach den Worten Jesu wäre dies in den heidnischen Städten Tyrus und Sidon nicht geschehen, obwohl sie schon seit den Tagen der Propheten Jesaja und Ezechiel als Städte des Hochmuts, der Prahlerei, des satten Reichtums und der Blindheit bekannt waren. Und Sodom als Stadt der Ausschweifung und des Lasters hätte sich angesichts solcher göttlichen Zuwendung bekehrt. Diese Städte der Sündhaftigkeit hatten nicht die Chance, die Chorazin, Betsaida und vor allem Kafarnaum geschenkt wurde. Dennoch blieb die Bekehrung aus. So verwirken sie sich selbst das Leben. Denn die Intensität des göttlichen Erweises ruft in eine größere Verantwortung, die von Tyrus und Sidon wie Sodom nicht abverlangt werden wird. Darum ist die Schuld der drei galiläischen Städte, in denen Jesus besonders tätig war, größer als die der in den Schriften abschreckend und gottlos genannten. Jesu Worte und Werke rufen also in die Entscheidung. Wer sein Wort hört und sein Erbarmen erfährt, kann sich nur für ihn entscheiden und selig oder gegen ihn und damit dem Gericht verfallen sein. Letzteres geschah in den genannten Städten Galiläas. Sie dienen fortan als Warnung für alle, die Jesus begegnen, auf die Jesus zugeht. Sein Wort gehört, mit ihm Mahlgemeinschaft gehabt zu haben, reicht nicht aus. Darauf allein kann sich niemand berufen. Gewicht hat allein die Entscheidung, das „Ja" der in den Lebensvollzug umgesetzten Annahme Jesu. Wenn sich schon die Dämonen Jesus als dem Sohn, dem Heiligen Gottes unterordnen (Mk 1,24), dann ist die Schuld derer, die sich ihm verweigern und nicht zu ihm bekennen, umso größer. Mit den Weherufen über die galiläischen Städte wird nun „sein Land" nicht mehr geographisch faßbar. Vielmehr ist es dort zu suchen, wo Menschen an ihn glauben.

Bewahre uns davor, Herr, daß wir das angebotene Heil verwirken.

Die befestigten Hafenanlagen von Tiberias . – Dieser Ort galt den strengen Juden als unrein, da er eine römische Gründung und nach dem Kaiser Tiberius genannt war.

Licht und Verklärung

Gott sprach: Es werde Licht und es wurde Licht. Gott sah, daß das Licht gut war. Gott schied das Licht von der Finsternis, und Gott nannte das Licht Tag und die Finsternis nannte er Nacht.

Gen 1,3–5

Licht bedeutet Segen, Zeichen des Lebens und des Friedens. Es verkörpert unsere Seele und das Gute auf Erden.

Seit Menschengedenken wird überall, in allen Religionen, die Sonne, das Licht, die Helligkeit verehrt.

Finsternis ist Sünde und Elend, Chaos und Tod.

Gott schuf als erstes das Licht und sein Wort; die Thora ist auch sein Licht.

Und heißt es nicht im Buch Jesaja 9, 1 „... das Volk, das im Dunkel lebt, sieht ein helles Licht; über denen, die im Land der Finsternis wohnen, strahlt ein Licht auf."

Die kultische Benutzung von Kerzen und Leuchtern einst im Tempel, und heute in den Synagogen, widerspiegeln diese symbolische Bedeutung. Zahllose Stellen des Alten Testaments vergleichen das Licht und das Leuchten mit der Herrlichkeit Gottes, mit der Hoffnung und dem Guten.

Im Buch Exodus 25, 31 wird uns der Befehl Gottes wiedergegeben, in seinem Haus in Jerusalem einen siebenarmigen Leuchter aufzustellen. In Einzelheiten wird die genaue Form mit allen Verzierungen geschildert. Die Menora – unter diesem Namen kennt sie ein jeder – wog 43,5 kg, sie war aus reinem Gold und 1,30 m hoch. Bei der Eroberung Jerusalems durch die Perser im Jahr 614 verschwand auch dieser Leuchter.

Wir kennen aber auch einen achtarmigen Leuchter, dessen Kerzen zur Chanukkazeit, dem Fest der Tempelweihe, angezündet werden.

Dieses achttägige Fest wird zur Erinnerung an die Wiedereinweihung des Tempels im Jahre 165 v. Chr. durch den Makkabäer Jehuda gefeiert, wo für die Kerzen der Menora nur noch für einen Tag Öl vorhanden war. Doch die Legende weiß uns zu berichten, daß das Öl wie durch ein Wunder dann doch noch für alle acht Festtage reichte. Zur Erinnerung an dieses wunderbare Ereignis besitzt die Chanukka-Menora acht Kerzen. An jedem dieser 8 Tage wird eine neue, zusätzliche mit Hilfe einer separat stehenden Kerze, dem sogenannten „Schamasch", d. h. Diener, angezündet.

Aber auch von Jerusalem, der Heiligen Stadt, strahlt das Licht aus, denn es heißt: „Freu dich nicht über mich, meine Feindin; zwar liege ich am Boden, doch ich stehe wieder auf. Zwar sitze ich in der Finsternis, aber der Herr ist mein Licht." (Micha 7,8)

Sechs Tage danach nahm Jesus Petrus, Jakobus und dessen Bruder Johannes beiseite und führte sie auf einen hohen Berg. Und er wurde vor ihren Augen verwandelt; sein Gesicht leuchtete wie die Sonne, und seine Kleider wurden blendend weiß wie das Licht.

Mt 17,1 f

Bildworte und Zeichen charakterisieren das jüdische Sprechen von der Gegenwart Gottes und der Endzeit. Gott erschien seinem Volk auf dem Wüstenzug in der Wolke (Ex 16,10). Die Herrlichkeit des Herrn ließ sich in der Wolke auf den Sinai herab (Ex 24,16 f). Aus der Wolke sprach der Herr (Dt 5,22). Die Wolke umhüllte das Offenbarungszelt des wandernden Gottesvolkes (Ex 40,34 f). Ezechiel schaute den erscheinenden Gott in der Wolke (Ez 1,4). Damit ist die Wolke Zeichen der Gegenwart Gottes. Seit Mose sich Gott auf dem Berg näherte, wird der Berg zum Ort der Gotteserscheinung. Am Horeb berief er Mose zum Führer seines Volkes, auf dem Sinai schloß er den Bund mit seinem Volk und gab die zehn Gebote. Der Zion mit dem Tempel wird zum Berg des Herrn, den er sich zur Wohnung erkor. Am Horeb erscheint Gott dem Elija. Nach den Jenseitsvorstellungen des endzeitlich ausgerichteten Judentums werden die Gerechten verklärt sein. Wie der strahlende Himmel und „ewig wie die Sterne leuchten" (Dan 12,3). Auch die glänzend weißen Kleider werden in dieser Vorstellung den Himmlischen zugesprochen. Weiterhin werden Mose und Elija als endzeitliche Propheten gesehen, die das Kommen des Messias ankündigen. Ihr Erscheinen ist für die jüdisch-messianische Erwartung das Zeichen des Anbruchs der Endzeit. Beide wurden nach biblischer Überlieferung (2 Kön 2,11) oder jüdischem Volksglauben vom Herrn entrückt und werden deshalb vor Anbruch der Endzeit erscheinen.

Der Berg Tabor. – Nach christlicher Tradition erschien hier Jesus vor seinen Jüngern in der Verklärung. Der Tabor, ein erloschener Vulkankegel, erhebt sich in einer weiten Ebene als einziger Berg zu weithin sichtbarer Höhe. Zum jüdischen Neumondfest wurden in herodianischer Zeit auf ihm große Feuer entzündet.

Alle diese Bildworte und Zeichen von der Gegenwart Gottes wie der endzeitlichen Herrlichkeit prägen die Verklärung Jesu. Was erwartet wurde, erfüllt sich in Jesus. Die Geschichte Israels vollendet sich in ihm. Die Stimme Gottes aus der Wolke weist ihn als den geliebten Sohn aus, auf den die Jünger hören sollen. Er wird gleichsam inthronisiert als der, den Gott seit der Zeit Mose seinem Volke verheißen hat und auf den es hören soll (Dtn 18,15). Auch damit wird die Brücke zum Alten Testament geschlagen. Das Vorbild Mose erfährt in Jesus seine Vollendung, der messianische Vorläufer Elija die Erfüllung seines Auftrags. Die Endzeit ist angebrochen und strahlt in der Verklärungsszene für die Jünger momenthaft auf. Petrus will sie festhalten und Hütten errichten, die an die Zelte erinnern, die den Gerechten im Himmel bereitstehen. So unterstreicht das Petruswort noch den endzeitlichen Charakter der Szenerie. Doch diese Erscheinung des Gottessohnes, die den Glauben an die erfahrene Heilserfüllung in Jesus widerspiegelt, ist noch mehr: Sie ruft in die Nachfolge. Nach der Leidensankündigung des Herrn verweist diese visionäre Schau der endzeitlichen Herrlichkeit die Jünger über das Leiden und Kreuz hinaus. Jeglicher Widerstand gegen die Kreuzesnachfolge wird gebrochen. Am Ende des Weges Jesu wie aller, die ihm nachfolgen, stehen nicht Kreuz und Tod, vielmehr haben sie die auf dem Berg offenbarte himmlische Herrlichkeit zu erwarten.

In Deiner Nachfolge stärke, Herr, allen widerstrebenden Kräften zum Trotz
unseren Glauben an Deine Herrlichkeit, die wir geschaut haben.

Die Basilika der Verklärung wurde 1923 von den Franziskanern zum Andenken an ihre 700jährige Präsenz im Heiligen Land geweiht.

Die Samaritaner

Unter König Jerobeam II. (787–744 v. Chr.) erreichte das Nordreich Israel noch einmal einen politischen Höhepunkt, eine Zeit der wirtschaftlichen Blüte. Noch war von dem nahenden Untergang wenig zu verspüren. Doch die Propheten, unter diesen besonders Amos, prangerten die Zustände im Land und Volk unentwegt an. Durch den Wohlstand verschärften sich die sozialen Gegensätze immer mehr. Während die einen schlemmten und praßten, hatten die anderen kaum das tägliche Brot.

Amos beklagte besonders die Verhältnisse in Samaria, dessen Hauptstadt zum Zentrum des Handels und des Verkehrs geworden war. König Ahab hatte die Stadt mit vielen Prachtbauten und Palästen verschönt. Doch die Zustände dort mußten in den Augen Gottes ein Greuel sein. Die Armen wurden rücksichtslos ausgenutzt. Die Händler wogen ihre Waren falsch und betrogen so ihre Kunden, sie wucherten, wo immer es nur ging. Längst wurde auch die Heiligkeit des Sabbats nicht mehr gewahrt, denn die Bewohner gingen selbst an diesem Tag ihren betrügerischen Geschäften nach, um die materiellen Wünsche ihrer verwöhnten Frauen befriedigen zu können.

Amos rief die Bewohner Aschdods und Ägyptens auf, sich mit eigenen Augen von diesem gottlosen Treiben zu überzeugen (Am 3,9).

Noch schlimmer als die Männer waren aber deren Frauen. In aller Grobheit spricht der Prophet aus, was er über diese denkt. Er verglich ihre Leibesfülle mit der der feisten Kühe auf den fruchtbaren Weiden Baschans im Ostjordanland, die nur ans Essen und an Vergnügen denken.

Dann kam das Jahr 722, nach dreijähriger Belagerung durch die Truppen des assyrischen Königs Sargon II., der im Alten Testament nicht erwähnt wird. Er eroberte das Land und verschleppte die Bevölkerung. Das Nordreich der zehn Stämme war vernichtet. Von nun an hießen die Bewohner des Landes Samaritaner, im Hebräischen die „Schomronim“ (d. h. die das Gesetz Beachtenden). Sie selbst jedoch nannten sich Kinder Israels und betrachteten sich als die wahren Juden.

Denn ihrer eigenen Tradition nach sind sie die direkten Nachkommen der im Land Zurückgebliebenen.

Doch für das Alte Testament sind sie die Nachfahren jener Heiden, welche König Sargon aus weiten Teilen Mesopotamiens, insbesondere aber auch aus Kuta, herausbrachte und im menschenleeren Samaria ansiedelte, wo sie sich mit den Resten der jüdischen Bevölkerung vermischt hatten. Gegen diese Mischehen wandte sich ganz entschieden der Prophet Esra, der, wortgewaltig wie er war, hartnäckig die Auflösung aller, auch bereits bestehender Ehen forderte. Denn er sah in dieser Vermischung die Ursache für den religiösen Mißbrauch, denn neben Jahwe wurden hier die früheren heidnischen Götter weiterhin verehrt.

Im Buch Esra des Alten Testaments (10, 18–44) erscheint eine ganze Liste von Männern, die inzwischen fremde Frauen geehelicht hatten und deshalb von dieser Forderung betroffen waren. Die Beziehungen zwischen Juden und Samaritanern verschlechterten sich zusehends. Die letzteren

Die Klagemauer in Jerusalem am Fuß des Tempelberges. – Die hier von den gläubigen Juden gebeteten Klagelieder erinnern an die erste Zerstörung Jerusalems mit dem anschließenden Exil im neubabylonischen Reich. Der salomonische Tempel wurde 586 zerstört.

wurden nicht mehr als volle Juden anerkannt, obwohl man damals bereits sagte, wenn ein Samaritaner die Gebote Mose annimmt, befolgt er diese genauer als ein Jude. Sie galten vor dem Gesetz als Nichtjuden.

Auch ihr Wunsch, sich am Wiederaufbau des Tempels zu beteiligen, wurde ihnen verweigert, ja selbst der Besuch des Tempels war ihnen verboten.

Der Konflikt erreichte einen weiteren Höhepunkt, als der Schwiegersohn Sanballats von Horon, selbst ein Priester im Tempel, schließlich aufgrund seiner Ehe mit einer Samaritanerin im Jahre 432 v. Chr. ausgewiesen wurde.

Mit diesem Ereignis wurde die Trennung endgültig.

Alexander d. Gr. erlaubte schließlich den Samaritanern den Bau eines eigenen Tempels auf dem Heiligen Berg Garizim, als Gegenstück zum Tempel in Jerusalem, der aber im Jahre 128 v. Chr. von Johannes Hyrkanus I. im Rahmen von dessen versuchter Zwangsjudaisierung Samarias wieder zerstört wurde.

Ein zweiter Tempel wurde 486 n. Chr. vom oströmischen Kaiser Zeno dem Boden gleichgemacht.

Die Samaritaner glauben an den einzigen, alleinigen Gott, an Mose als einzigen Propheten, an die fünf Bücher Mose, die Heiligkeit des Berges Garizim sowie an die Belohnung des Guten und die Bestrafung alles Bösen am Tage des Messias.

In ihrer eigenen Sprache, dem Samaritanischen, einem westaramäischen Dialekt, entstanden zahlreiche zusätzliche religiöse Schriften sowie ein in arabisch verfaßter Kommentar zu den fünf Büchern Mose.

Ihr geistiges Oberhaupt ist bis in unsere Tage hinein ein Hoherpriester. Ihrem eigenen Kalender nach feiern sie die in den Mose-Büchern vorgeschriebenen Feste, wobei das Pascha-Fest nach wie vor mit der Opferung eines Lammes auf dem Heiligen Berg Garizim begangen wird.

So kam er zu einem Ort in Samarien, der Sychar hieß und nahe bei dem Grundstück lag, das Jakob seinem Sohn Josef vermacht hatte. Da kam eine samaritische Frau, um Wasser zu schöpfen. Joh 4,5.7a

Die Feindschaft zwischen Juden und Samaritanern findet auch in den neutestamentlichen Schriften ihren Niederschlag. So gelten die Samaritaner als gesetzlich unrein, was einen Umgang miteinander ausschließt (Mt 10,5; Joh 4,9). Sie werden als Anhänger einer teuflischen Irrlehre betrachtet (Joh 8,48) und ihr Name als Schimpfwort gebraucht. Zum anderen behindern die Samaritaner jüdische Festpilger, die durch ihr Gebiet nach Jerusalem ziehen (Lk 9,51–56). Berufen sie sich auch auf die Erzväter (Joh 4,12) und besitzen die fünf Bücher Mose als ihre Heilige Schrift, so wird ihnen dieser biblische Anspruch doch von den Juden streitig gemacht. Erst vor diesem geschichtlichen Hintergrund versteht sich das Gespräch Jesu mit der Samaritanerin am Jakobsbrunnen (Joh 4,7–26), welche die von den Juden als Sekte angesehene samaritanische Gemeinde personifiziert. Im Bild der Ehe für das Verhältnis Gottes zu seinem Volk, das besonders beim Propheten Hosea Verwendung findet, stehen die fünf vormaligen Männer der samaritanischen Frau für die heidnischen Gottheiten, die von den fünf durch den König von Assur dort angesiedelten Heidenvölkerschaften verehrt wurden (2 Kön 17,24). Die verneinende Antwort der Frau auf die Frage Jesu nach ihrem Mann legt dar, daß die Samaritaner auch jetzt mit dem sechsten Mann, der den Gott Israels symbolisiert, keine Beziehung haben. Jesus steht hier in Einklang mit der jüdisch-ablehnenden Grundhaltung, die durch den Einwand „denn das Heil kommt von den Juden“ (Joh 4,22b) noch verstärkt wird. Jesus unterstreicht damit, daß allein Israel die Offenbarung Gottes besitzt und nur aus seiner Mitte der Messias zu erwarten ist. Lehnt Israel Jesus als Messias auch ab, so bleibt sein Erwähltsein als Volk Gottes unbestritten. Die Absicht dieses Satzes ist aber weniger die Hervorhebung Israels, vielmehr die Hinführung zu dem Messiasbekenntnis, das die Samaritanerin dann ablegt. Ihre Frage nach der rechten Gottesverehrung auf dem Garizim oder in Jerusalem schiebt Jesus beiseite. Nicht der Ort ist mehr entscheidend, wobei der Evangelist schon weiß, daß dem Jerusalemer Tempel das gleiche Schicksal zuteil geworden ist wie dem Tempel auf dem Garizim. Es kommt die Zeit, und sie ist schon mit Jesus angebrochen, in der die Anbetung Gottes keiner örtlichen Bindung mehr bedarf. Wesentlich ist allein, daß sie in Geist und Wahrheit geschieht. Nicht eine Bekehrung zum Judentum ist gefordert, sondern eine Hinwendung zu dem kommenden Messias. Seine Zeit macht alles neu und hebt bislang geltende Trennungen und Irrungen auf. Die Samaritanerin weiß darum. Deshalb kann sich Jesus ihr gegenüber auch als der Messias offenbaren (Joh 4,26). Dieses Wort, er sei der von den Juden und Samaritanern erhoffte Messias, weckt in der Frau und in allen Mitbürgern ihres Ortes, bei denen sie Zeugnis für Jesus als den Messias ablegt, den Glauben. Dieser durch Zeugnis und eigenes Erleben entstandene Glauben stützt sich nicht auf Wunder, sondern allein auf das Wort Jesu und bekennt ihn als den Retter der Welt. Im Gegensatz zu Israel findet Jesus Anerkennung als Messias bei den halbheidnischen Samaritanern, die sich dann bei dem heidnischen Hauptmann (Mt 8,5–13) fortsetzt. Damit ist der Weg für die Missionierung der Kirche vorgezeichnet, wie er dann bei der Himmelfahrt (Apg 1,8) anklingt. Zugang zum Gottesreich findet der Mensch nicht mehr durch die strikte Einhaltung des überlieferten Gesetzes, sondern durch den Glauben an Jesus, den Messias. Er führt die Menschen aller Völker über bisherige Gegensätze hinweg zur Gemeinde Jesu, zum neugebildeten Gottesvolk, das sich in seinem Vollzug als solches nach dem Gleichnis vom barmherzigen Samariter (Lk 10,30–36) wie in der Dankbarkeit des vom Aussatz geheilten Samaritaners (Lk 17,11–19) erweist.

Herr, Du hast das Werk Deines Vaters ausgerichtet und den Glauben der Samaritaner geweckt. Wir wollen Deinem Beispiel folgen, damit niemand mehr vom Hunger und Durst nach dem Heil gequält werde. Schenke uns die Frucht dieser Arbeit.

Die Pharisäer

Jahwe, dein Gott, ist der Gott;
er ist der treue Gott;
noch nach tausend Generationen achtet er auf den Bund und erweist denen seine Huld, die ihn lieben und auf seine Gebote achten. Denen aber, die ihm Feind sind, vergilt er sofort und tilgt einen jeden aus;
er zögert nicht, wenn einer ihm Feind ist, sondern er vergilt ihm sofort. Deshalb sollst du auf das Gebot achten, auf die Gesetze und Rechtsvorschriften, auf die ich dich heute verpflichte, und du sollst sie halten.

Dtn 7,9–11

Sehr wahrscheinlich waren die Chassidim die Vorläufer der Pharisäer, nicht zu verwechseln mit der gleichnamigen Bewegung, die im 18. Jahrhundert innerhalb des osteuropäischen Judentums entstand. Zumindest waren die Pharisäer vom Denken der Chassidim stark geprägt.

Wir können jedoch bereits ohne Schwierigkeiten in den Texten von Esra und Nehemia die spätere Richtung der Pharisäer erkennen und müssen hier die Wurzeln suchen.

Diese Chassidim waren zwar während des zweiten vorchristlichen Jahrhunderts zahlenmäßig unbedeutend, doch schlossen sie sich dem Aufstand der Makkabäer gegen den syrischen König Antiochus IV. an, der wegen seiner Grausamkeit und der versuchten Zwangshellenisierung berüchtigt war.

Die Chassidim wurden jedoch von den Soldaten des Königs restlos niedergemetzelt, weil sie sich am Sabbat nicht verteidigen wollten (vgl. 1 Makk 2, 29–41).

Sie klammerten sich so sehr an das Gesetz, daß sie sogar Schlangen und Skorpione, selbst in Lebensgefahr, am Sabbat nicht töteten. Diese Gruppe, die im Talmud später Chassidim-Rischonin (die ersten Frommen) genannt wurden, verschwand bald nach Beginn der makkabäischen Herrschaft.

Genossen die Makkabäer zunächst im Volk größte Verehrung, weil sie den nationalen Interessen und Vorstellungen der religiösen Juden weitgehendst entgegenkamen, so änderte sich das bei der Machtübernahme durch Johannes Hyrkanus I.. In diese Zeit fällt auch das erste politische Auftreten der beiden großen rivalisierenden Gruppen, der Sadduzäer und Pharisäer. Die letzteren wurden rasch zur herrschenden Volkspartei und nannten sich von nun an Perushim, d. h. Abgesonderte, trotzdem stieg ihr Ansehen laufend.

Der Einfluß der Pharisäer wuchs rasch an, da das Volk mit der Regierung der Makkabäer und deren militanter Willkürherrschaft äußerst unzufrieden war.

Sie gründeten im ganzen Land Gemeinden und Synagogen mit genauen Satzungen und forderten eine lange Probezeit für die neuen Mitglieder dieser Gemeinden mit anschließender Aufnahmeprüfung. Die Gottesdienste in diesen Synagogen wurden natürlich von den Schriftgelehrten der Pharisäer abgehalten.

Die konsequente Erfüllung des Gesetzes in allen Lebensbereichen und Situationen wurde ihr Lebensinhalt. Sie verkündeten und verlangten den absoluten Gehorsam diesen Gesetzen gegenüber, denn für sie war das Gesetz der Anfang und das Ende. Sie erließen immer neue Vorschriften, religiöse und zivilrechtliche Bestimmungen, die alle Bereiche des menschlichen Daseins umfaßten. Sie selbst hielten sich allezeit rituell rein.

Sie sahen sich als die Gemeinde der Gerechten und fühlten sich aufgrund der Aufgaben, die sie sich selbst gestellt hatten, als die national-religiöse Elite, als die Auserwählten. So wurden sie in ihrem übertriebenen Gesetzeseifer zum Terror und Schrecken vieler, die an sie anfänglich glaubten. Ja sie organisierten sogar die Überwachung der Durchführung ihrer Erlasse. Um dem Volk die Fülle des Gesetzes verständlich zu machen, benutzten sie oft Gleichnisse.

Eine solche Einstellung mußte natürlich zu einem Standesdünkel, ja zur Überheblichkeit gegenüber den ungebildeten Massen, die das Gesetz nicht kannten, führen.

Ein verzerrtes Pharisäerbild war im Entstehen.

Ganz gewiß waren nicht alle Pharisäer Lügner oder Heuchler, sie waren jedoch fest von der Sonderstellung des Judentums inmitten heidnischer Umwelt überzeugt und waren, wenn notwendig, durchaus heldenmütig bereit, für ihre Ideale zu sterben.

Der Widerstand im Volk gegen die Willkürherrschaft des Johannes Hyrkanus wuchs ständig. Noch schlimmer wurde es, als Alexander Jannai, der Sohn des Hyrkanus, durch seine unverständliche Politik den Haß zwischen Pharisäern und Sadduzäern noch schürte und es dadurch zu offenen Unruhen kam.

Als Alexander Jannai in seiner Eigenschaft als Hoherpriester den Gottesdienst während des Laubhüttenfestes nicht nach den Vorschriften der Pharisäer abhielt, wurde er vom Volk mit Zitronen beworfen. In seinem Zorn gab er seinen ausländischen Söldnern freie Hand, die dann auch über 6000 der Pharisäer ermordeten.

Geöffnete Tora-Rolle mit den Gesetzesanweisungen aus dem Pentateuch.

Orthodoxe Juden an der Klagemauer am Tempelberg. – Viele tragen den in dem Buch Deuteronomium beschriebenen Überwurf (Tallith) während des Gebetes.

Unter der Regierung der Königin Alexandra (76–67 v. Chr.) begann dann noch einmal eine Blütezeit der Pharisäer, die in ihre alten Machtstellungen zurückgelangten und sogar die Kontrolle über das Sanhedrin, das höchste religiöse und gesetzgebende Gremium des Judentums, übernahmen.

Sie reformierten das Tempelritual nach ihrer eigenen Tradition.

Die Pharisäer glaubten an die Auferstehung und die Vergeltung nach dem Tode, an die Existenz der Engel und der Geister. Sie bejahten auch, im Gegensatz zu den Sadduzäern, die göttliche Vorsehung, obwohl, ihrem Dogma nach, der Wille des Menschen dieser Vorsehung entgegenzukommen hat.

Sie erwarteten sehnsüchtig das Kommen des langerwarteten Messias, der dann auch das Ende der verhaßten Hasmonäer-Dynastie und der römischen Fremdherrschaft bringen würde, auf daß das Haus David wieder zu Ehren komme.

In einem waren sich Pharisäer und Sadduzäer einig, in der Ablehnung des Mannes aus Nazaret, in dem beide Gruppen ihren Gegner sahen.

Während die Sadduzäer mit der Zerstörung Jerusalems untergingen, überlebte die Theologie der Pharisäer und setzte sich in der Nachzeit im Talmud fort.

Tallith

> Du sollst an den vier Zipfeln des Überwurfs, den du trägst, Quasten anbringen.
>
> Dtn 22,12

... denn, wenn ihr diese Quasten seht, werdet ihr euch an alle Gebote des Herrn erinnern, ihr werdet sie halten und eurem Herzen und euren Augen nicht nachgeben, wenn sie euch zur Untreue verleiten wollen. (Num 15,38–39)

Dieser Überwurf mit seinen Quasten ist somit zur steten Mahnung geworden, denn wann immer er sie sieht, erinnert sich der Jude an seinen Schöpfer und dessen Gebote.

Der Tallith ist ein viereckiges Tuch aus Baumwolle oder Seide mit 4 Fransen (Quasten), auch Schaufäden genannt, verziert (an jeder Ecke 4, die dann zu einem zusammengedreht werden).

Mit diesem Gebetsmantel bedeckt der betende Jude Kopf und Schulter, so, daß jeweils 2 Quasten nach vorn und 2 über den Rücken zu liegen kommen.

Dieser Gebetsschal wird nur während des Morgengebets (Schacharit) zuhause und an Festtagen umgelegt, mit Ausnahme am Jom Kippur, dem Versöhnungstag, wo der Tallith von dem Betenden während aller fünf Gottesdienste getragen wird.

Neben dem großen Tallith trägt der fromme Jude immer den sogenannten kleinen Tallith, auch Zizith genannt, ein Tuch mit einer Öffnung für den Kopf, das unter der normalen Oberkleidung getragen wird, so daß lediglich die Schaufäden heraushängen.

Tefillin

Diese Gebetsriemen werden von den frommen Juden vor dem Morgengebet, dem Schacharit, angelegt. Früher trug man sie an Werktagen den ganzen Tag über.

An vier verschiedenen Stellen fordert das Alte Testament von dem gläubigen Juden das Anlegen der Tefillin, im Buch Exodus 13,9 und 13,6 und im Buch Deuteronomium 11,18–20.

> „Es sei dir ein Zeichen an deiner Hand und ein Erinnerungsmal an der Stirn, damit das Gesetz, der Herr, in deinem Munde sei.“

Während er in der Schrift liest, trägt dieser Junge am linken Unterarm die Gebetsriehmen.

Diese vier Verse werden mit der Hand zweimal auf Pergament, welches nach bestimmten Vorschriften hergestellt wurde, geschrieben, einmal alle vier zusammen auf einer Rolle und einmal jede der vier Stellen besonders.

Die zwei Teile kommen in besondere schwarze Lederkästchen. Das Kästchen mit den vier Teilen wird mit einem Lederriemen am Haaransatz zwischen den Augen befestigt.

Der andere Teil wird siebenmal um den linken Oberarm gewickelt, dann um die Finger und die linke Hand und kommt so in der Nähe des Herzens zu liegen.

Der Sinn dieser Tefillin ist es, den Betenden an Gott zu erinnern und an den Inhalt der vier Texte.

„Ihr sollt auf die Gebete des Herrn, eures Gottes genau achten, auf seine Satzungen und Gesetze, auf die er dich verpflichtet hat."

Mesusa

Die Mesusa = Pfostenschrift, der jüdische Haussegen, wird am rechten inneren Türpfosten eines jeden jüdischen Hauses, überall dort, wo Menschen wohnen, angebracht. Sie schützt das Haus und seine Bewohner und weiht es gleichzeitig.

Das kleine schmale Gehäuse aus Metall, Holz, Stein, in neuerer Zeit auch aus Keramik, ziert außen ein hebräischer Buchstabe = Schin für Schaddai, der Allmächtige, und beinhaltet eine kleine, handgeschriebene Pergamentrolle, welche nach genauen Vorschriften angefertigt wird, mit den ersten beiden Abschnitten des gewaltigen jüdischen Glaubensbekenntnisses, dem „Schema Israel":

„Höre Israel, der Ewige ist unser Gott, der Ewige ist einzig. Liebe den Ewigen, deinen Gott, mit deinem ganzen Herzen, mit deiner ganzen Seele und mit deiner ganzen Kraft."

Und dann folgt das Gebot Gottes:

„Es sollen diese Worte, die ich heute gebiete, dir im Herzen bleiben. Du sollst sie deinen Kindern einschärfen und davon reden, wenn du in deinem Hause weilst, wenn du unterwegs bist, wenn du dich niederlegst und wenn du aufstehst. Knüpfe sie als Denkzeichen an deine Hand und trage sie als Stirnband zwischen deinen Augen und schreibe sie an die Pfosten deines Hauses und an dessen Tore."

Beim Betreten und Verlassen seines Hauses berührt der fromme Jude diese Mesusa oder küßt sie. Sie soll den Menschen, bevor er in das Getriebe der Welt hinausgeht, an den Weltenschöpfer, an das Geistige und an die ewigen Werte erinnern.

> Darauf wandte sich Jesus an das Volk und an seine Jünger und sagte: Die Schriftgelehrten und die Pharisäer haben sich auf den Stuhl des Mose gesetzt.
>
> Mt 23,1–3

Jesus verurteilt die Pharisäer und Schriftgelehrten nicht, weil sie den Stuhl des Mose eingenommen haben. Sie sind Lehrer und Verkünder des göttlichen Willens und betreiben ihr Bemühen, das mosaische Gesetz vor jedem fremden Einfluß zu schützen sowie es den zeitbedingten Begebenheiten um der strengen Einhaltung willen auszulegen und mit mündlichen Regeln zu umkleiden, mit großem Ernst. Entsprechend ist auch ihre Achtung und Autorität im Volk. Der Vorwurf Jesu gründet vielmehr darin, daß die Pharisäer und ihre Schriftgelehrten zwar das Gesetz des Mose kennen wie keine anderen und es predigen, doch nicht danach handeln. Deshalb bezichtigt er sie der Heuchelei und warnt vor ihnen. Selbst in den Schriften von Qumran wie im Talmud ist von Heuchlern unter den Pharisäern die Rede. Mit seiner Verurteilung der pharisäischen Zwiespältigkeit verwirft Jesus aber nicht das Gesetz. Dessen Erfüllung verlangt er ebenso, wobei er für sich aber in Anspruch nimmt, den darin offenbarten göttlichen Willen in treuester Weise zu lehren und zu erfüllen. Dadurch muß er mit den Pharisäern und ihren Schriftgelehrten in Konflikt geraten. In dieser Auseinandersetzung zwischen der Autorität der Pharisäer und dem Anspruch Jesu wird darum gerungen, wer die Offenbarung und Autorität Gottes für sich geltend machen kann. Daß Jesus von Nazaret im Namen Gottes auftritt und sich über die mündliche Gesetzesauslegung in dieser Vollmacht hinwegsetzt, muß Angriffe und Anfeindung der sich von ihm bedrohten Pharisäer nach sich ziehen, fühlen sie sich doch von Jesus um ihre Gerechtigkeit und Gotteskindschaft gebracht.

Trotz dieses Lehrstreits versuchen die Pharisäer, die bei aller Auseinandersetzung dennoch Jesus aufgrund seiner Gesetzesbeachtung ihrer Nähe zurechnen, Jesus vor dem tödlichen Zugriff des ihnen verhaßten Herodes zu warnen: „Geh weg, verlaß dieses Gebiet, denn Herodes will dich töten“ (Lk 13,31). Auch diese Sorge um sein Leben legt ihr Unverständnis offen. Zwar sehen sie in ihm einen Lehrer des mosaischen Gesetzes – wenn auch in einer ihnen eigenwilligen bestreitbaren Weise – und ordnen Jesus sich zu, doch versagen sie ihm die Anerkennung des Anspruchs, mit dem er auftritt. Diesen unterstreicht Jesus dadurch, daß er ihrem Ansinnen nicht folgt. Er läßt sich nicht politisch oder pharisäisch mißdeuten. Er weiß um seine Einmaligkeit und die seines göttlichen Auftrags, den er fernab und unabhängig jeder zeitgenössischen Gruppierung zu erfüllen hat. Deshalb wird ihn der Weg auch angesichts der abzusehenden Entscheidung nach Jerusalem führen, in den Brennpunkt der Auseinandersetzung. Schließlich geht es nicht um die Bewahrung seiner Person, sondern darum, daß sich an ihm die Menschen darin scheiden, inwieweit sie das Heilsangebot Gottes annehmen oder ablehnen. Diesen tödlichen Wendepunkt sieht Jesus kommen. Besteht seine Auseinandersetzung mit den Pharisäern im Ringen um die Lehre und um seine Vollmacht, so ahnt er, daß die von den Pharisäern angefeindete religiöse Gruppe der Sadduzäer seinem Anspruch wie Herodes todbringend begegnen wird. Sie sind seine eigentlichen Gegner. Die „Hohenpriester, Ältesten und Schriftgelehrten“ werden ihn den Römern zur Todesstrafe ausliefern. Mit „Schriftgelehrten“ sind aber in diesem Zusammenhang nicht die pharisäischen, sondern die sadduzäischen Tempel-Schriftgelehrten gemeint. Diese hohepriesterliche Aristokratie muß um ihrer politischen und religiösen Stellung als Tempelhüter willen den Angriffen Jesu wehren. Ihnen ergeht es darin ebenso wie den Pharisäern: Für beide Gruppen ist es eine Unmöglichkeit, ihren Anspruch vor Jesus von Nazaret bedingungslos aufzugeben. Mit den weiteren bei Markus (Mk 12,13) genannten Herodianern wird die Gruppe der Gegnerschaft umschrieben. Obwohl sie sich zusammentun, können sie den Anspruch Jesu nicht aufheben. Scheitert Jesus auch vermeintlich durch ihr Todesurteil, so sind sie doch die letztlich an ihm Gescheiterten. Siegt Jesus in seiner Auferstehung, so ist über jene das Rad der Geschichte hinweggegangen. Während er lebt und in seinem neuen Volk lebendig ist, sind jene vergangen und selbst ihrem eigenen Volk nur noch Erinnerung.

Herr, bestärke uns in der gläubigen Annahme Deiner Gottessohnschaft, damit wir unseren Lebensvollzug von Deinem Anspruch her bestimmen.

Der Fels

Bei Gott allein kommt meine Seele zur Ruhe, von ihm kommt mir Hilfe. Nur er ist mein Fels, meine Hilfe, meine Burg; darum werde ich nicht wanken.
Ps 62,2–3

Und im 94. Psalm heißt es: „Doch meine Burg ist der Herr, mein Gott ist der Fels meiner Zuflucht."

Welche Zuversicht und Glaubensfestigkeit sind in diesen Worten enthalten. Der Fels ist Gott selbst, er bedeutet Geborgenheit, er gibt Schutz und bietet Sicherheit gegen alle Gefahren. Wohl

Felsen bei Banjas mit großer Naturhöhle.

Diese Felsen bei Banjas, an einer der Jordanquellen, erinnert an das Schriftwort von Petrus dem Felsen, auf dem die Kirche errichtet werden soll.

dem, der das Gebäude seines Glaubens auf einem solchen Fels errichtet, denn er braucht nicht zu befürchten, daß die Wasserfluten der Sünde das Fundament unterspülen und sein Haus mit sich reißen.

Schon die Naturreligionen hatten ihre heiligen Steine, wie auch die Jebusiter, ein kanaanitischer Volksstamm in Jerusalem lebend, den heiligen Felsen verehrten. Die „Tenne des Arauna" war wahrscheinlich neben anderen heiligen Stätten, ihren vielen Gottheiten gewidmet, das größte Heiligtum. Dieser Fels wurde zum Zentrum der Welt. Nicht nur für die Israeliten, die aus der Wüste aufgebrochen waren, um das Gelobte Land und die Stadt Jerusalem zu erobern. Im Laufe von fast 4000 Jahren kämpften ganze Völkerscharen um den Besitz dieses Felsens.

Es ist aber auch der Fels, auf dem Abraham seinen Sohn Isaak opfern wollte und der dann später König David als Brandopferaltar diente, nachdem er diesen für 50 Silber-Schekel dem König der Jebusiter abgekauft hatte.

„Dankend bekennen wir uns zu dir, der du der Herr unser Gott und der Gott unserer Väter bist in Zeit und Ewigkeit. Fels unseres Lebens, Schild unseres Heils", heißt es im Achtzehn-Bitten-Gebet, eines der wichtigsten Gebete des Judentums.

Wer diese meine Worte hört und danach handelt, ist wie ein kluger Mann, der sein Haus auf Fels baute. Als nun ein Wolkenbruch kam und die Wassermassen heranfluteten, als die Stürme tobten und an dem Haus rüttelten, da stürzte es nicht ein; denn es war auf Fels gebaut.

Mt 7,24 f

Ich aber sage dir: Du bist Petrus, und auf diesen Felsen werde ich meine Kirche bauen, und die Mächte der Unterwelt werden sie nicht überwältigen.

Mt 16,18

Das Haus Gottes ist Gottes Volk. Wie schon in anderen Geschehnissen, wird auch hier dem Volk Gottes Bedrängnis verheißen. Die unabwendlich kommenden Wassermassen erinnern an die alttestamentliche Sintflut. Wie so oft knüpft Jesus an Aussagen und Erwartungen des Alten Bundes an. Er sieht die Bedrohung kommen. Doch das Felsenfundament bewahrt das neue, von Jesus gerufene Gottesvolk vor dem Sturz. Das Volk Israel hat gleichlautende Warnungen und Mahnungen der Propheten (Ez 13,10 ff; Sir 22,16.19) verworfen und ist mit seiner Ablehnung Jesu zu Fall gekommen. Nicht das Hören auf Gottes Wort allein gereicht zum Heil und läßt vor Gott wie in der Bedrängnis bestehen. Nur wer auf Jesu Worte handelnd reagiert, hat Anteil am neuen Gottesvolk, gründet auf unerschütterlichem Fels. Hier drängt sich dann die Zusage Jesu an Petrus auf: „Du bist Petrus“ (Mt 16,18). Petrus bedeutet Fels. Auf ihn wird die Gemeinde gebaut. Nicht das Bekenntnis des Petrus, nicht sein Glaube allein machen ihn zum Felsen, auch nicht sein oft schwankender Charakter. Petrus selbst als Gesandter Gottes, als Träger des Wortes ist der Fels. Er ist der Zeuge schlechthin. Und damit der Grundstein für den neuen Bau der Gemeinde Jesu, für die Kirche, das neue Jesus bezeugende Israel, da das alte Israel sich der Sendung und dem Werk Jesu entgegenstellt. Er wird in diesem Amt den Bau der Kirche tragen wie sie ihn trägt. Das gilt für diesen Simon Petrus und für alle, die in diesem Petrusamt stehen. Wie Gott sich den Berg Zion als Wohnstätte erwählte (Ps 68,17), so baut Jesus das Haus seiner Kirche auf den Felsenmann Simon. Doch nicht ein Haus aus Steinen – die Zeit des gemauerten Tempels ist vorbei –, sondern aus lebendigen Menschen. Das neue Volk, das neue Israel, in dem Gott lebendige Mitte ist, wird aber nicht von den Mächten des Todes und der Finsternis überwältigt werden. Denn in diesem „Neubau“ ist Jesus, der Herr über Leben und Tod, dem alle dämonischen Kräfte gehorchen, alle Tage gegenwärtig (Mt 28,20). Die Kirche wird, trotz aller verbleibenden menschlichen Schwäche seit Petrus, von der Kraft des Herrn gehalten und alle Zeiten überdauern. Sie hält am Bekenntnis des Petrus fest: „Du bist der Messias, der Sohn des lebendigen Gottes“ (Mt 16,16). Sie weiß damit ihre Bestimmung als Gottesvolk, das der verheißene und in Jesus gekommene Messias sammelt und trägt. Das Kriterium der Zugehörigkeit zu seiner Kirche ist die Entscheidung, die zum Petrusbekenntnis drängt. Keine Heilssicherheit läßt hier triumphieren, vielmehr die Forderungen an jeden Einzelnen, in dem Vertrauen auf Jesus, der letztlich der eigentliche Fels ist und von dem sich die Felsen-Zeugenschaft Petri ableitet, und Gottes Treue zu seinem Volk, trotz aller widerkämpfenden Mächte, nicht abzulassen.

Vertrauend auf Deine Gegenwart in unserer Mitte, Herr, wollen wir selbst im Dunkel unserer Tage einstimmen in das Bekenntnis: Du bist der Messias, der Sohn des lebendigen Gottes.

Der gute Hirte

Dann führte er sein Volk hinaus wie Schafe, leitete sie wie eine Herde durch die Wüste.

Ps 78, 52

So wie Gott einst als treuer Hirte sein Volk durch die Wüste geleitete, das fünfte Buch Mose erinnert uns mehrfach daran, so zogen die Erzväter Abraham, Isaak und Jakob mit ihren riesigen Herden in der Einsamkeit der Judäischen Wüste in der Gegend von Efrata umher.

Auch der Prophet Amos aus dem Dorfe Tekoah züchtete Schafe. Im ersten Buch Samuel wird von einem reichen aber bösen Viehzüchter auf dem Karmelgebirge namens Nabal, dem Kalebiter, berichtet, der 3000 Schafe und 1000 Ziegen besaß.

Damals wie heute bestanden die Herden aus Schafen, Ziegen und Kamelen. Der Besitzer einer solchen Herde setzte alles daran, sein Eigentum, seinen Lebensunterhalt, zu wahren, zu beschützen und zu vermehren. Der angestellte Hirte jedoch ließ bei Gefahr die ihm anvertrauten Tiere im Stich, um sein eigenes Leben in Sicherheit zu bringen.

Die wilden Tiere der Wüste und räuberische Nomaden bedrohten diese Herden und ihre Hirten ständig.

Um jede Wasserstelle, jedes Stückchen Weide wurde ein erbitterter Kampf geführt, denn Wasser bedeutet Leben in der Wüste. Und nur, wer die Wüste in all ihrer furchtbaren Schönheit erlebt hat, kann den 23. Psalm richtig verstehen:

„Der Herr ist mein Hirte, nichts wird mir fehlen. Er läßt mich lagern auf grünen Auen und führt mich zum Ruheplatz am Wasser. Er stillt mein Verlangen; er leitet mich auf rechten Pfaden, treu seinem Namen."

Das Buch Genesis berichtet uns, daß Gott den Schafhirten Abel dessen Bruder, dem bodenbestellenden Kain, vorzog.

„Nach einiger Zeit brachte Kain dem Herrn ein Opfer von den Früchten des Feldes dar; auch Abel brachte eines dar von den Erstlingen seiner Herde und von ihrem Fett. Der Herr schaute auf Abel und sein Opfer, aber auf Kain und sein Opfer schaute er nicht." (Gen 4,3–5)

Ich bin der gute Hirt. Der gute Hirt gibt sein Leben hin für die Schafe.

Joh 10,11

Das Bild des Hirten ist nicht nur jedem Besucher Israels wohl vertraut. Es hat in der jüdischen Vorstellung und messianischen Erwartungshaltung seinen festen Platz. Wegen der Zuverlässigkeit und der Sorge des Hirten wird dieses Bild für die Führer, Richter und Könige Israels (Num 27,15–20; 2 Sam 7,7 f) ebenso gebraucht wie für Gott selbst (Gen 48,15; 49,24; Ex 34,11–22; Ps 23,1–4; Jes

Der gute Hirte sorgt sich um seine Schafe.

40,11; Jer 31,10; Mi 4,6 f). Er ist der gute Hirt, der seine Herde, sein Volk, sammeln und hüten wird. Gott greift unter diesem Hirtenbild in die Geschichte seines Volkes Israel ein, da es von schlechten Hirten geführt wird, die nur ihren eigenen, aber nicht den Vorteil des Volkes suchen (Jes 56,11; Jer 23,1–4; Ez 34,2–10; Sach 11,4–17). Besser als die Hirten Israels, denen er Nachlässigkeit und Verfehlung in dieser Aufgabe vorwirft, will Gott das Verlorene als guter Hirte sammeln und den Seinen geben, was sie brauchen. Nachdem das Bild des Hirten von den Propheten auf den davidisch-messianischen König der Endzeit übertragen wird, steht für die lebendige jüdische Messiaserwartung am Ende der Zeit der gute Hirt, der anstelle der untreuen Führer das Gottesvolk weiden wird.

Auf diesem Hintergrund sagt Jesus von sich: „Ich bin der gute Hirt" (Joh 10,11). Nicht mehr Gott, Jesus als sein Sohn und die Offenbarung göttlicher Wirklichkeit ist der Hirte des Volkes Israel. Der Vater hat ihm das Hirtenamt zugewiesen, so daß sich Jesus als Hirte Israels offenbaren kann. Doch wird dieses aufstrahlende Licht der Herrlichkeit Gottes nicht erkannt – oft selbst von den Jüngern nicht. Setzt er sich auch wie Jakob (Gen 31,40) und David (1 Sam 17,34–36) für sein Volk bis hin zur Selbstaufopferung ein, so stößt er doch nicht nur auf Unverständnis, sondern auch auf Ablehnung. Diese formiert sich besonders in den jüdischen Führern. Wie in der bei Johannes vorausgehenden Blindenheilung wollen sie auch jetzt nicht in Jesus den Menschensohn, den Messias erkennen. Sie „sind Diebe und Räuber" (Joh 10,7), die ohne oder gegen Jesus eine Führungsposition im Volke Israel beanspruchen, das sie fehlleiten und ausbeuten. Doch haben sie keine

Vollmacht, denn diese können sie nur von Jesus empfangen, der „die Tür ist zu den Schafen“ (Joh 10,7). Das Volk Gottes darf nur weiden, der hierzu von Jesus beauftragt ist. Dieser kühne Anspruch, allein das Hirtenamt verleihen zu dürfen, erwächst der Messianität Jesu. Wer Jesus als Tür nimmt, gelangt dann zu einer Verantwortung dem Leben gegenüber, das über die Herde Israels hinaus noch anderen verheißen ist, die auf seine und die Stimme derjenigen hören, die er gesandt hat. Damit wird der Begriff des Gottesvolkes über alle völkischen Begrenzungen ausgeweitet. Jesus ist nicht gekommen, um über das Haus Israel zu herrschen. Er versteht sein Hirtenamt als Dienst am Leben aller, die auf ihn hören und durch ihr Handeln nach seinem Wort ihn kennen, so daß eine lebendig-andauernde Beziehung zwischen Hirte und Herde besteht. Er ist seiner Herde, dem neuen, über Israel hinausgreifenden Gottesvolk bis zum Einsatz seines Lebens verbunden. Auch darin offenbart er sich den zeitgenössischen Führern Israels gegenüber als der rechtmäßige Hirte. Verführen jene, führt er die Menschen, die ihm nachfolgen, zum Leben. Versuchen jene schlechte Hirten, das Heil einzugrenzen, ist sein Heilsangebot allen offen. Das Reich Gottes kennt keine Grenzen mehr. Überschreitet hierin Jesus die alttestamentliche Gottesvolkvorstellung, so knüpft er hinsichtlich seines Selbstverständnisses doch an das Hirtenbild Gottes in den Schriften des Alten Bundes an. Was Ezechiel schaute, erfüllt und vollendet sich über die Exklusivität Israels hinaus, so daß alle Christus nachfolgenden Menschen in Anspruch nehmen können: „Wir sind das Volk seiner Weide, die Herde von seiner Hand geführt“ (Ps 91,7).

Herr, laß uns Deine Stimme hören und Dir nachfolgen, um Deinem Volk anzugehören.

Geöffneter Thoraschrein auf dem Platz vor der Klagemauer in Jerusalem.

Der Sabbat

> Der Herr sprach zu Mose:
> „Sag den Israeliten: Ihr sollt meine Sabbate halten, denn das ist ein Zeichen zwischen mir und euch von Generation zu Generation, damit man erkennt, daß ich, der Herr bin, der euch heiligt. Darum haltet den Sabbat, denn er soll euch heilig sein. Wer ihn entweiht, soll mit dem Tod bestraft werden. Denn jeder, der an ihm eine Arbeit verrichtet, soll aus seinen Stammesgenossen ausgemerzt werden. Sechs Tage soll man arbeiten, der siebte Tag ist Sabbat, Ruhetag, heilig für den Herrn. Jeder, der am Sabbat arbeitet, soll mit dem Tod bestraft werden. Die Israeliten sollen also den Sabbat halten, indem sie von Generation zu Generation ihn als einen ewigen Bund halten. Für alle Zeiten wird er ein Zeichen zwischen mir und den Israeliten sein. Denn in sechs Tagen hat der Herr Himmel und Erde gemacht, am siebten Tag ruhte er und atmete auf."
>
> Ex 31, 12–17

Die Großen des Judentums nannten den Sabbat einst „yespod ha–emunah" Fundament des Glaubens – „domeh L'otzro", dem Schöpfer ähnlich.

So verstehen wir, daß das Sabbat-Gesetz wie kein anderes das Dasein des Gläubigen entscheidend beeinflußt, zumal dieses Gebot nicht nur gelegentlich, zu bestimmten Zeiten oder gewissen Situationen befolgt werden muß, denn es ist eine göttliche Forderung, die sich allwöchentlich wiederholt. Wer sich dieser Forderung widersetzt, zerstört das für ihn Kostbarste; er zerschneidet die Bande, die ihn mit seinem Schöpfer verbinden. Die Entheiligung des Sabbats war schlimmer als der Tod.

Das war der Grund, warum der Prophet Nehemia in seiner Zeit einen Überwachungsdienst in Jerusalem an den Toren der Stadt einführte, um die strikte Einhaltung dieses Gebots zu gewähren.

Der Sabbat beginnt am Freitag, vor Sonnenuntergang und dauert bis nach dem Sonnenuntergang am Samstag. Er ist nicht nur Ruhetag, sondern auch ein Tag der Besinnung. Besonders feierlich sind der Gottesdienst in der Synagoge und das sich daran anschließende Mahl im Kreise der Familie.

Doch gab es zu jeder Zeit im Judentum Ketzer, die aufgrund hellenistischer Einflüsse über die Vielzahl der Sabbat-Gesetze spotteten. Die Heiden wiederum konnten die in den Sabbat-Vorschriften enthaltene Segensfülle nicht erkennen und wollten deshalb in diesem Tag einen traurigen Fasttag der Juden sehen, an welchem diese, aus abergläubischer Furcht vor ihrem unsichtbaren Gott, keinerlei Tätigkeit nachgingen. Ja, die strenge Einhaltung des Sabbats brachte den Juden sogar den Vorwurf der Faulheit ein.

Die Pharisäer erließen eine Reihe von zusätzlichen Bestimmungen, wie z. B., daß der Sabbat nicht erst mit Sonnenuntergang, sondern bereits vorher zu beginnen habe. Sie bestimmten auch die genaue Weglänge, die man am Sabbat gehen durfte. Bei einer solch engen Auslegung der Sabbat-Vorschriften mußte Jesus dauernd mit den Pharisäern und Schriftgelehrten in Konflikt geraten.

Die Schriftgelehrten wollten den Pharisäern keinesfalls nachstehen und verfaßten zusätzlich eine Liste, die 39 am Sabbat verbotene Tätigkeiten aufzählte. An dritter Stelle stand das Verbot des Erntens. Natürlich ruhte am Sabbat jeglicher Handel, ja sogar das Tragen einer Geldbörse war verboten. Es durften keinerlei Lasten getragen werden, auch das Aufsammeln vom Baum gefallener Früchte oder das Einsammeln der am Sabbat gelegten Eier war verboten.

Früh entstand deshalb die Sitte, sich vom Vorabend des Freitags an eines Nichtjuden zu bedienen, dem es oblag, gewisse Arbeiten am Sabbat zu verrichten. Aber auch diese wurden genauestens festgelegt. Denn es war dem Juden auch verboten, von einem Nichtjuden am Sabbat Tätigkeiten zu verlangen, deren Ausübung ihm selbst untersagt waren, selbst wenn dieser sich freiwillig und unentgeltlich anbot.

Aber auch für die Heilung Kranker und Verletzter galten am Sabbat besondere Vorschriften.

So mußte Jesus, der seinen Jüngern erlaubte am Sabbat Ähren zu brechen, um den Hunger zu stillen, – der am Sabbat heilte – natürlich laufend mit den auf strikte Einhaltung des Gesetzes bedachten Pharisäern und Schriftgelehrten in Konflikt kommen. Ganz besonders schlimm wurde es, als er in der Säulenhalle des Bethesda-Teiches einen Mann am Sabbat heilte, obwohl dieser schon 38 Jahre lang krank war und darüber hinaus den Geheilten zur Schändung des Ruhetages aufforderte, indem er zu ihm sagte: „Steh auf, nimm deine Bahre und geh."

Wir kennen die Reaktion der Menschen, die erwiderten: „Es ist Sabbat, du darfst deine Bahre nicht tragen."

Wir wissen aber auch die an anderer Stelle des Neuen Testaments erwähnte Antwort Jesu, der da sagte: „Der Sabbat ist für den Menschen da, nicht der Mensch für den Sabbat." Eine Aussage, die seinen Zeitgenossen, Gegnern und Anhängern gleichermaßen unverständlich gewesen sein mag, sicher sogar als Gotteslästerung erschien, denn wie kann Gott, der die Heiligung des Sabbats befahl, durch einen Propheten wirken, der bewußt das Gesetz laufend verletzt?

Und Jesus fügte hinzu: Der Menschensohn ist Herr über den Sabbat.

Lk 6,5

Wenn Jesus den Pharisäern und Schriftgelehrten vorwirft: „Ihr habt Gottes Wort um eurer Überlieferung willen außer Kraft gesetzt" (Mt 15,6; Mk 7,13), dann hebt er damit nicht das Gesetz auf. Er wendet sich aber gegen die zeitgenössische Deutung des Gesetzes, gegen die spitzfindige Gesetzesauslegung. Er ist nicht gekommen, das Gesetz aufzuheben und durch seine eigene Botschaft zu ersetzen. Schrift und Gesetz bleiben Bekundung des Willen Gottes. Jedoch ist sein Verhältnis zu Gott, ist dieser Willen Gottes für ihn so unmittelbar, daß er daran auch das Gesetz messen und die kasuistischen Deutungen verwerfen kann, wenn sie dem Inhalt des göttlichen Willens widersprechen. Deutlich wird dies am Sabbat-Gebot. Jesus hält als Jude den siebten Tag als Tag der Ruhe, der Heiligung und des Gebets ein. Am Sabbat finden wir ihn im Synagogengottesdienst (Mk 1,21), an dem er nach seiner Gewohnheit – und wie es dem Gesetz entspricht – teilnimmt. Das Sabbat-Gebot hat in seinem Leben seinen Sitz. Dieses älteste Gebot (Ex 20,8–11) stellt er nicht in Frage, wogegen er sich wendet und damit den Konflikt mit den Pharisäern und Schriftgelehrten heraufbeschwört, ist die übertriebene, haarspalterische Sabbat-Kasuistik, die den Sabbat seines Charakters beraubt und ihn den Menschen zur Last werden läßt. Begründet sich der Sabbat an seinem Anfang von der Ruhe nach sechstägiger Arbeit, von der Ruhe nach der Befreiung aus der ägyptischen

Knechtschaft, vor allem von der Heiligung durch Gott und als Tag des Lebens, so wurde er durch die sich zuspitzenden Sabbatvorschriften immer mehr seines Wesens und Ursprungs beraubt. Hier setzt Jesus an. Er gibt dem Sabbat seinen wahren Sinn zurück. Er weist auf, daß der Sabbat seinen Zweck und Sinn nicht in sich selbst hat, sondern dem Leben dienen soll. Diesen Anspruch, der Sabbat habe Lebenshilfe zu sein, erhebt er mit Worten (Mt 12,12) und Taten (3,2–5; Lk 13,10–16; 14,1–6; Joh 5,8 ff), den nach rabbinischem Formalismus verbotenen Heilungen, da keine Todesgefahr bestand. Weil er den Willen Gottes freilegt von allen ihn entfremdenden gesetzgeberischen Lasten (Mk 2,27), kann er behaupten, auch Herr des Sabbats zu sein (Mt 12,8), ein Wort, das ihn außer den Pharisäern erst recht von den Essenern abrücken läßt und eine nicht bestehende Verbindung zu jenen beweist. Damit nimmt sich Jesus eine Freiheit, die ihn ausweist als Menschensohn. Daß die Jünger und die junge Kirche zunächst am Sabbat festhalten, unterstreicht noch einmal das Anliegen Jesu, nicht die Gebote aufzuheben, sondern ihnen den wahren, dem göttlichen Willen entsprechenden Sinn zurückzugeben, der auf das Leben der Menschen abzielt.

Versucht, Deine Gebote und Gesetze, Herr, aus menschlicher Angst und Enge zu vervollkommnen, bitten wir Dich um einen dienenden und gehorsamen Lebensvollzug, der Deinem Willen wirklich entspricht.

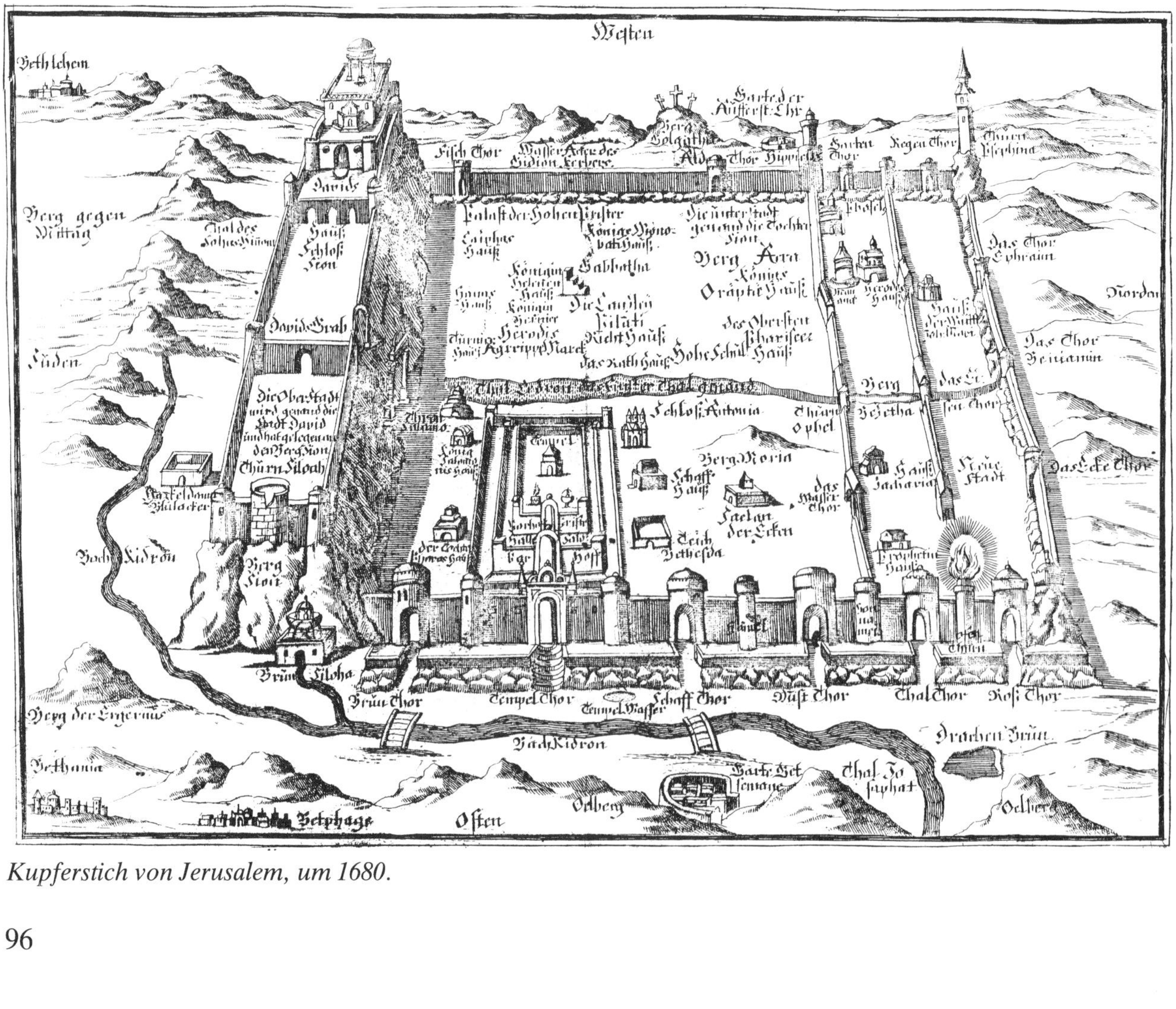

Kupferstich von Jerusalem, um 1680.

Jerusalem

Die Bedeutung Jerusalems für alle Völker

Und so laß,
Herr unser Gott,
Anerkennung deinem Volke werden,
Ruhm deinen Frommen,
Zuversicht denen, die dich suchen,
freies Wort denen, die auf dich harren,
Freude deinem Lande,
Wonne deiner Stadt,
Wachsen an Kraft deinem Diener David
und strahlendes Licht dem Sohne Jischais,
deinem Gesalbten,
bald in unseren Tagen.

Mit diesen Worten aus der Liturgie des Neujahrsfestes und des Versöhnungstages wird alles ausgedrückt, was den Juden aller Zeiten, gläubig oder nicht, mit der Heiligen Stadt, mit dem Hause David und der von ihm ausgehenden Heilsgeschichte Jerusalems, verbindet.

Freiheit und Unabhängigkeit, Erkenntnis und Gottesverehrung, die drei großen Ideale des Judentums, für welche die Juden gekämpft und gelitten haben und dafür in den Tod gingen, finden ihren Ausdruck in dieser Stadt, wo sich einst, die Herzen aller Menschen, der Herrscher dieser Erde wie der Unterdrückten, dem Allmächtigen zuneigen und das ewige Gottesreich Wirklichkeit werden lassen.

Für den Juden ist sie nicht nur wieder zur Hauptstadt seines Landes geworden, sie ist auch der Wohnort Gottes geblieben. Zwar erhebt sich der gewaltige Bau des Tempels nicht mehr über der Stadt, doch ist die Nähe Gottes noch immer spürbar. So läßt die Zions-Sehnsucht den Frommen, der in der Diaspora lebt, nach Jerusalem hinaufziehen, wie schon so viele, viele Generationen vor ihm auch. Und er wendet sich im Gebet an seinen Schöpfer, wo immer er auch weilt, in Richtung Jerusalem.

Durch König David, den sein Volk so über alles liebte, wurde sie einst zur politischen Hauptstadt seines Landes. Doch erst, als er die Bundeslade vom Haus Abinadabs aus dem zwölf Kilometer entfernten Kirja-Jearim abholen ließ und feierlich nach Jerusalem einbrachte, wurde sie zum Wohnort Gottes, zum religiösen Zentrum des Judentums für alle Zeiten.

Blick auf Jerusalem von der alten Unterstadt her. Im Hintergrund erkennt man den Tempelberg und die El-Aqsa-Moschee mit ihrer leuchtenden Kuppel.

Wie schwer und unbegreiflich mag es für David gewesen sein, als er ein Haus zu Ehren Gottes errichten lassen wollte, um sein Volk an den Ewigen Bund zu erinnern, und Gott ihm durch seinen Ratgeber, den Propheten Natan sagen ließ:

„Wenn deine Tage erfüllt sind und du dich zu deinen Vätern legst, werd ich deinen leiblichen Sohn als deinen Nachfolger einsetzen und seinem Königtum Bestand verleihen. Er wird für meinen Namen ein Haus bauen. ..."

2. Sam 7, 12–13

Wieviel Blut und Leid kam im Laufe der Geschichte über diese Stadt, die von so vielen Völkern aller Zeiten begehrt, erobert und dem Erdboden gleichgemacht wurde.

Doch immer wieder erstand sie neu aus den Trümmern. Denn von Zion kommt die Weisung des Herrn, aus Jerusalem sein Wort.

Von da an begann Jesus seinen Jüngern zu erklären, er müsse nach Jerusalem gehen und von den Ältesten, den Hohenpriestern und den Schriftgelehrten vieles erleiden; er werde getötet werden, aber am dritten Tag werde er auferstehen.

Mt 16,21

Nach Jesu Wirken in Galiläa bringt der Entschluß, nach Jerusalem zu ziehen, die entscheidende Wende in seiner Geschichte. Weisen die Leidensankündigungen auch darauf hin, so ist der Aufbruch nach Jerusalem gewiß nicht nur als Weg in den Tod zu verstehen. Diesen Akzent erfährt er erst nach Jesu Tod und Auferstehung in der Rückschau, gleichsam als Summe und Höhepunkt des nunmehr einsetzenden Geschehens. Nach Jerusalem zieht der gläubige Jude zum Paschafest, um das Paschaopfer darzubringen, oder aber auch nur, um dort das Reich Gottes vor Hörern herabzuflehen bzw. dieser messianischen Leidenschaft hörend zu folgen. Beides trifft auf Jesus zu. Gewiß liegt ihm daran, nach dem Wirken in Galiläa nun auch in Jerusalem, in Gottes Stadt, die Botschaft vom kommenden Gottesreich zu verkünden. Auch für Jesus ist die Geschichte Israels mit Jerusalem in besonderer Weise verknüpft. An Jerusalem entscheidet sich alles. Umso dringlicher ist es, in der „Stadt des großen Königs" (Mt 5,35) die Entscheidung des Volkes heraufzuführen. Israel wird sich ein letztesmal der Botschaft vom Gottesreich zu stellen haben. Glauben die Jünger, damit werde das Reich Gottes erscheinen, weiß Jesus um den bevorstehenden Konflikt und die Drangsal, welche diese Lehre und er zu erleiden haben. Die hervorgerufene letzte Entscheidung beinhaltet für Jesus Tod und Auferstehung. Daß dieses Geschehen an das Paschafest geknüpft ist, dem Fest der Befreiung, unterstreicht den Zeichencharakter dieses Weges, ist es doch zeitgenössischer jüdischer Glaube, daß der Messias am Paschafest erscheinen werde, um die endgültige Erlösung seines Volkes zu bringen. Der Kampf, den Jesus dort mit den geistlichen und weltlichen Machthabern auslösen und ihn in den Tod führen wird, bringt die Erlösung, die Befreiung, das neue Gottesreich und Gottesvolk – jenseits aller jüdischen Messiaserwartung. Um dessentwillen hat sich Jesus für den Weg nach Jerusalem entschlossen und die Auseinandersetzung gesucht. Mit Jerusalem trifft ganz Israel die Entscheidung.

Laß uns, Herr, immer neu mit Dir den Weg nach Jerusalem gehen, um an allen Orten unseres Lebens die Entscheidung für Dich heraufzuführen.

Der Ölberg. – Ihn krönt der höchste Turm Jerusalems, der zum Kloster der russischen Exilkirche gehört. Diese Kirche hat sich vom Moskauer Patriarchat gelöst; ihr Patriarch residiert in New York.

Der Ölberg

Seine Füße werden an jenem Tag auf dem Ölberg stehen, der im Osten gegenüber von Jerusalem liegt.

Sach 14,4

Welch ein unvergeßlicher Anblick bietet sich dem Auge, wenn man auf der Höhe des Ölbergs steht und auf die ganze machtvolle Schönheit Jerusalems hinabblickt.

Schon immer nimmt dieser Berg einen wichtigen Platz in der Endzeiterwartung des Judentums ein. König David weinte hier auf dem Berg und betete, sein Haupt verhüllend, zu Gott, als er auf der Flucht aus Jerusalem war, vor seinem eigenen Sohn Abschalom und den Aufrührern.

Bereits zur Zeit des Königs David scheint auf dem Ölberg ein Heiligtum bestanden zu haben. Hier wird auch seit altersher das Grab der Prophetin Hulda verehrt.

Zu unseren Füßen, am Abhang, liegt der jüdische Friedhof mit seinen Gräbern aus biblischer Zeit. Schon immer ließen sich die frommen Juden hier begraben, um beim Erscheinen des Messias als erste da zu sein. Oft sparten diese Menschen, in der Diaspora lebend, ihr ganzes Leben lang, um ein Stückchen Erde zu erwerben und hier begraben zu werden. Denn die Juden im späteren Judentum erwarteten das Erscheinen des Messias auf dem Ölberg, der dann die Toten wiedererwecken wird, um mit ihnen durch das „Goldene Tor" in Jerusalem einzuziehen.

Zahllos sind die Legenden, die sich aus diesem Denken entwickelten. So führten am Tage des Gerichts zwei Brücken vom Ölberg über die Tiefe des Kidrontals zum Tempelberg, eine feste eiserne, über welche die Sünder geführt werden und die mit diesen zusammenbricht, und eine aus Papier, worüber die Frommen sicher in die Ewigkeit geleitet werden.

Während Jesus dahinritt, breiteten die Jünger ihre Kleider auf der Straße aus.

Lk 19,36

Daß Pontius Pilatus Jesus als „der Juden König" (Mk 15,26) und damit als Rebellen, als einen der vielen sich messianisch ausgebenden Aufrührer hinrichten läßt, verweist auf die zeitgenössische jüdische Messiaserwartung. Sie ist vorrangig politischer Natur und erwartet die Befreiung vom römischen Joch. So werden auch Jesus vom Volk wie wohl von einigen seiner Jünger nationale Hoffnungen entgegengebracht. Sie stehen auch hinter dem Ausruf beim Einzug in Jerusalem „Gesegnet sei das Reich unseres Vaters David, das nun kommt" (Mk 11,10). Damit bleibt Israel aber in seiner Messiaserwartung allein seinen innerweltlichen Nöten und Hoffnungen verbunden und blind für ein das Jetzige Überschreitende Gottesreich, das mit Jesus schon angebrochen ist. Bilden die politisch geprägten Hoffnungen auch den Hintergrund für die Erzählung vom Einzug in Jerusalem, so wird durch den Bericht noch mehr verstärkt, daß Jesus diese kurzzieligen egoistischen Erwartungen enttäuscht. Er kommt nicht, um das Davidsreich zu erneuern oder als Messiaskönig die Feinde Israels zu besiegen. Sein Einzug auf einem Esel entspricht auch nicht der Erwartungshaltung der messianisch-politischen Bewegung der Zeloten. Die im Evangelium angeführten alttestamentlichen Zitate oder Verweise künden dafür aber von Jesus als den Messias, den die Väter und Propheten schauten. Seine Messianität begründet sich nicht in zeitgenössischer, tagespolitischer Erwartung, sondern in dem messianischen Zeichen der endenden Vorzeit.

Der Ölberg gilt nach Sacharia 14,4 als Ort des Gerichts und der Offenbarung Gottes am Gerichtstag. So nimmt der Einzug Jesu in Jerusalem hier auch seinen Anfang. Der Anspruch ist durch die Ortswahl von Betfage gegeben, wird aber noch verstärkt durch den Auftrag Jesu an die beiden ausgesandten Jünger, ihm einen angebundenen jungen Esel, auf dem noch niemand gesessen hat, zu bringen, um in die Stadt einreiten zu können. Hinter diesen Worten steht die Verheißung des Propheten Sacharia: „Siehe, der König kommt zu dir. Er ist gerecht und hilft; er ist demütig und reitet auf einem Esel, auf einem Fohlen, dem Jungen einer Eselin“ (Sach 9,9) wie die Aussage über den, dem der Herrscherstab über Juda gehört, „dem der Gehorsam der Völker gebührt. Er bindet am Weinstock sein Reittier fest, seinen Esel am Rebstock“ (Gen 49,10 f). Daß auf dem Esel noch kein Mensch ritt, ist ein weiteres Zeichen, ist doch die Unberührtheit im Judentum Voraussetzung für den Gebrauch von Tieren im religiösen und kultischen Bereich. Daß Jesus sich auf den Esel setzt wie die auf das Tier und auf die Straßen gelegten Kleider verstehen sich von der israelischen Königerhebung her. So setzte der Priester Zadol den Salomo auf das Maultier des Königs David und führt ihn zur Königssalbung (1 Kön 1,38 f). Ebenso breiteten die Obersten des Heeres vor dem zum König gesalbten Jesu ihre Kleider aus (2 Kön 9,13). Die messianischen Verheißungen sind damit erfüllt, das davidische Königtum lebt in Jesus neu auf, jedoch nicht im politischen Verständnis seiner Zeitgenossen. Die Art seiner Königsherrschaft bleibt noch verborgen. So findet die Begrüßung Jesu vor der Stadt auch in ihren Mauern kein Echo. Die endzeitlichen Hoffnungen, die gerade anläßlich des Paschafestes die Juden intensiver bewegen, richten sich nicht auf ihn, wenn man von denjenigen absieht, die Jesus bei seinem Ritt vom Ölberg ins Kidrontal und auf den Ophel jubelnd begleiten. Dieses Unverständnis und Nichterkennen wird seinen Tod nach sich ziehen. Die kommenden Ereignisse werfen auf diese „Inthronisation“ schon ihre Schatten. Die jüdische Messiaserwartung führt an Jesus vorbei in die Katastrophe der Zerstörung Jerusalems und des Tempels. Statt sich die Feststimmung des mit Jesus abgesprochenen Gnadenjahres des Herrn zu bewahren, die im Hosianna-Ruf durchbricht, fällt Jerusalem mit seiner Blindheit für die messianischen Zeichen in den Ruf „Kreuziget ihn!“ ein und gibt sich selbst das Gericht.

> Einstimmend in den Jubelruf Deiner Herrschaft laß uns Dich, Herr, in allem unserem Tun verherrlichen.
>
> Jerusalem, Jerusalem, du tötest die Propheten und steinigst die Boten, die zu dir gesandt sind. Wie oft wollte ich deine Kinder um mich sammeln, so wie eine Henne ihre Küken unter ihre Flügel nimmt; aber ihr habt nicht gewollt.
>
> Lk 13,34

Der Prophet Jeremia verheißt: „Ich verlasse mein Haus, ich verstoße mein Erbteil. Meinen Herzensliebling gebe ich preis in die Hand seiner Feinde“ (Jer 12,7). Damit ist die Zerstörung Jerusalems und des Tempels angesagt. Gott, der sein Volk gleich einer Henne, die ihre Küken unter die Flügel nimmt, um sich sammeln wollte, wird in diesem Bemühen abgelehnt. Selbst sein letztes und dringlichstes Heilsangebot, sein Werben um sein Volk in größter Intensität in der Gestalt Jesu von Nazaret, seines Sohnes, wird von Jerusalem und damit vom gesamten Israel verworfen. Das Gottesvolk bringt sich wiederum und letztmalig um seine Chance. Hinter diesem Wort des Lukas steht die alttestamentliche Erfahrung, daß es das ausgezeichnete Los der Propheten war, getötet zu werden, und Jesus wird an diesem Schicksal Anteil haben. Isebel, die Ehefrau des Königs Ahab, rottete die Propheten des Herrn aus (1 Kön 18,4), Sacharia wurde auf Befehl des Königs Joasch in Jerusalem gesteinigt (2 Chr 24,21). Im großen Bußgebet des Buches Nehemia bekennt Israel die Schuld, die Propheten getötet zu haben (Neh 9,26). Gegen Jeremia werden Mordpläne geschmiedet (Jer 11,18–20), der Priester Paschhur läßt Jeremia schlagen und in Tempelnähe in den Block spannen (Jer 20,2), man versucht ihn zu töten (Jer 26,8–11) wie der König Jojakim den Propheten Urija töten ließ (Jer 26,20–23). Diese Schuld lastet auf Israel und Jerusalem, eine Schuld, die durch die Verfolgung Jesu und dessen Tod noch angereichert wird. Doch statt in einer Drohrede zu münden und strafende Vergeltung zu verheißen, wird jenseits von Blindheit und Schuld die Barmherzigkeit Gottes kundgetan, deren Antwort das Kommen des Messias und des Gottesreiches ist. „Der Stein, den die Bauleute verwarfen, er ist zum Eckstein geworden" (Ps 118,22). Die Jerusalemer Hierarchen und Mächtigen, welche durch die Geschichte hindurch immer wieder die Gerechten verfolgten, werden mit ihrer abermaligen Blindheit und Taubheit zu Vollstreckern des eigenen Gerichts, das über sie, die Stadt und das Volk vom Ölberg, der Stätte des göttlichen Gerichts (Sach 14,4), ausgesprochen wird (Mk 13).

Der alte Tempel muß weichen, um einem neuen, einem anderen Platz zu machen. Diese Prophezeiung entspricht auch der endzeitlichen Erwartung der Qumran-Gemeinde. In der „Tempel-Rolle" wird aufgrund ihrer Ablehnung des Jerusalemer Tempels und dessen Kultes vom künftigen Tempel ausgesagt, daß er allein von Gott gebaut sein wird. Mit der zu erwartenden Zerstörung des Tempels als Herzmitte des alttestamentlichen Gottesvolkes ist der Ausklang des alten Bundes in sein letztes Stadium getreten. Alle Zeichen der Zeit weisen darauf hin. Der Widerstand Jerusalems kann den Siegeszug der Gottesherrschaft nicht aufhalten, er steht vielmehr gleichsam in dessen Dienst. Mit der Ablehnung und Tötung Jesu wirken der sadduzäische Priesteradel und Jerusalem mit am Aufbau des Gottesreiches und geben ihm im auferstehenden Herrn die neue Mitte, den neuen Tempel.

Laß uns wachsam sein, Herr, daß wir die Zeichen der Zeit verstehen und uns einrichten auf Dein Reich.

Das goldene oder Messiastor in Jerusalem. Dieses Tor führte zum Tempelberg. Nach christlicher Überlieferung hielt Jesus hier Einzug in Jerusalem.

Die Tempelsteuer

> Der Herr sprach zu Mose:
> Sag zu den Israeliten, sie sollen für mich eine Abgabe erheben. Von jedem, den sein Sinn dazu bewegt, sollt ihr die Abgabe erheben.
>
> Ex 25,1–2

Noch auf der langen Wanderung des Volkes ins verheißene Land wurden die Israeliten schon in der Wüste darauf verpflichtet, eine Abgabe für das Heiligtum zu entrichten. Mit dem Heiligtum war damals die Stiftshütte gemeint, welche Bezalel im Auftrage des Mose herzustellen hatte und welches als Aufbewahrungsort für die Bundeslade diente.

Mit der Verkündigung des Neumonds Adar, dem 12. Monat des jüdischen Religionsjahres (entspricht Februar/März), war in alter Zeit auch noch eine andere Verkündigung verknüpft. Denn vor Beginn des Frühlingsmonats mußte jeder Israelit einen halben Schekel als „Lösegeld für seine Seele" dem Ewigen darbringen.

Mit der Errichtung des Heiligtums in Jerusalem wurden mit dessen Steuern die gewaltigen Ausgaben bestritten, die durch die Größe des Tempels und die zahlreiche Priesterschaft entstanden.

Denn, neben den Priestern gehörten die gleichfalls in 24 Klassen eingeteilten Leviten zum eigentlichen Tempelpersonal. Diese hatten den Wach- und Ordnungsdienst zu versehen und waren für die Reinhaltung des gesamten Tempel-Bezirks verantwortlich, neben ihrer eigentlichen Aufgabe, bei den Kulthandlungen den Priestern zur Seite zu stehen.

Alljährlich, im Frühjahr wurde von den Gemeinden außerhalb Jerusalems die Tempelsteuer eingetrieben und nach Jerusalem gebracht. Doch zu der eigentlichen Tempelsteuer kamen noch andere Pflichtabgaben, wie z. B. die Beteiligung an der jährlichen Holzlieferung für die Brandopfer, die gleichfalls in Geld entrichtet werden mußte. Waren diese beiden Steuern ausschließlich für den Unterhalt des Tempels und für den Kult gedacht, so erkennen wir aber auch in der Pflichtabgabe des „Zehnten" (dem zehnten Teil des Ernteertrages und der Erstgeburten des Viehs) eine weitere Besteuerung, die wiederum als Besoldung für die Priesterschaft gedacht war. Natürlich konnten auch diese Früchte- und Tierabgaben im entsprechenden Geldwert entrichtet werden.

Aber auch das erste Kind mußte mit 5 Schekel „ausgelöst" werden. Wir können uns vorstellen, wie drückend diese materielle Belastung für die Masse des Volkes gewesen sein mag, zumal sich die direkte Teilnahme des Einzelnen am Tempelkult auf nur wenige Tage im Jahr selbst beschränkte, nämlich dann, wenn er während der 3 Wallfahrtsfeste nach Jerusalem hinaufzog, wozu ein jeder verpflichtet war, es sei denn, er war durch kultische Unreinheit oder Krankheit daran gehindert.

Doch das erhabene Gefühl, mit seinem 1/2 Schekel am Morgen- und Abendopfer beizutragen und somit seine Zugehörigkeit zum Volke Gottes beweisen zu dürfen, mag die Härte der Besteuerung gemildert haben.

Da sagte Jesus zu ihnen: So gebt dem Kaiser, was dem Kaiser gehört, und Gott, was Gott gehört! Mk 12,17 a

Für jeden Juden gilt als erstes Gebot, Gott allein zu ehren. Dessen Befolgung erfährt bei den Zeloten einen politischen Akzent. Denn für jene verstößt gegen das erste Gebot, wer den Kaiser als Herrn anerkennt und ihm Steuer entrichtet. Diese Gruppe von Zeloten, die aus den Reihen der Pharisäer hervorgegangen ist, sich aber deren passiv-politischen Handeln versagt, will nicht in Geduld auf das Kommen das Messias warten. Sie will den endzeitlichen Prozeß durch politisch-revolutionären Aktivismus beschleunigen, leistet der römischen Herrschaft aktiven Widerstand und findet damit positiven Widerhall unter der Bevölkerung. Mit der Fragestellung an Jesus, ob die Entrichtung der römischen Steuer rechtens sei, wollen sie gemeinsam mit den Herodianern Jesus dahingehend zu Fall bringen, daß er sich mit seiner Antwort entweder sein Volk oder die Römer zu Feinden macht. Er soll sich ihrem Willen nach im Machtspiel zwischen einem Friedensschluß mit den Römern und der revolutionär-zelotischen Auflehnung zerreiben. Doch geht Jesus nicht auf diese Fallfrage ein. Er entscheidet sich nicht zwischen Rom und der Anerkennung in seinem Volk, für das eine Steuer nicht dem Kaiser, sondern allein Gott zu entrichten ist. Er entlarvt vielmehr dadurch die Zwiespältigkeit der Fragesteller, daß er sich von ihnen einen Denar mit dem Bildnis des Kaisers reichen läßt. Sie, denen die Steuermünze eine Herausforderung ist, bringen den geforderten Denar, mit dem sie ungeachtet allen Anstoßes dennoch Geschäfte machen. Damit allein schon stellt Jesus seine Gegner bloß. Doch beläßt er es nicht dabei. Ihre Fragestellung verlagert er mit seiner Antwort auf eine andere Ebene. Er weist die Steuermünze aufgrund ihrer Prägung dem Kaiser zu, doch fügt er das Eigentliche mit dem Zusatz „und gebt Gott, was Gott gehört" an. Damit deckt er die heuchlerischen Skrupel auf und lenkt den Blick der Fragesteller auf diejenigen, dem der Mensch gehört und dessen Antlitz er trägt. Das ist seine eigentliche Antwort. Die Steuerfrage schiebt er zugunsten der Entscheidung des Menschen für Gott beiseite. Ihm geht es um die anbrechende Gottesherrschaft, die mit Jesu Wort und Tat schon gegenwärtig und wirksam ist und im Gegensatz zu der Herrschaft der Kaiser nicht vergeht. Damit spricht Jesus kein eigentlich politisches Wort aus, denn ein solches bliebe dieser Welt und ihren vorläufigen Herrschaftsverhältnissen verhaftet. Seine Antwort kehrt die zeitliche Begrenztheit jeder weltlichen Macht und die Unbegrenztheit der Königsherrschaft Gottes heraus, der deshalb die größere Verpflichtung des Menschen gebührt. Diese Hervorhebung der göttlichen Autorität wird vor der weltlichen Macht und deren Vertreter sein Todesurteil mitbegründen. Im Gegensatz zu seinen Gegnern, die allein durch den Gebrauch des Denars letztlich doch die römische Oberhoheit akzeptieren, ist Jesus bereit, den Preis des Todes für den übermächtigen Anspruch Gottes zu zahlen, dem er sich – beispielhaft für alle, die ihm folgen – in größerem Maße verpflichtet weiß.

Von weltlichen Mächten in die Pflicht genommen, Herr, wollen wir Dir danken für die Freiheit, die uns durch Deine fordernde Herrschaft geschenkt ist.

Münzen aus herodianischer Zeit.

Wunder

> Tu ein Zeichen und schenk mir Glück. Alle die mich hassen, sollen es sehen und sich schämen, weil du, Herr, mich gerettet und getröstet hast.
>
> Ps. 86, 17

Wunder sind im Alten Testament etwas Außergewöhnliches. Immer bedeuten sie ein direktes Eingreifen Gottes in die Geschichte seines Volkes. Die Strafen, welche über Ägypten kamen, der Auszug aus der Sklaverei, der Durchzug des Schilfmeeres, die Offenbarung am Berg Sinai und schließlich die Eroberung Jerichos sind alles Wunder Gottes, in denen für den Gläubigen die rettende Hand Gottes zu erkennen ist. Aus dieser Erkenntnis ist auch die Glaubensstärke der nachfolgenden Generationen besser zu verstehen. „Ich denke an die Taten des Herrn, ich will denken an deine früheren Wunder." In diesem Text des 77. Psalm wird uns klar, daß wir aus den Wundern Gottes in der Vergangenheit Trost für die Gegenwart und Rettung in der Zukunft erhoffen dürfen.

Gott unterbrach den Lauf seiner eigenen Schöpfung, um sich den Menschen hier und da in seiner heilbringenden, rettenden Gegenwart zu zeigen. Aber er bediente sich auch „seiner Männer", der Propheten, wie Mose; oft sandte er Engel, die in seinem Auftrag Zeichen setzten. Die Menschen sind in jeder Minute ihres Daseins von solchen göttlichen Zeichen umgeben, doch oft werden diese gar nicht mehr wahrgenommen. Deshalb erinnert das Achtzehngebet den frommen Juden dreimal täglich daran:

„Dankbar bekennen wir uns zu dir und künden deinen Ruhm für unser Leben, das in deine Hand gegeben und unsere Seelen, die dir anvertraut und deine Wunder, die täglich uns zuteil werden und deine Wundertaten und Wohltaten zu jeder Zeit, abends, morgens und mittags."

> Jesus sagt: Nehmt den Stein weg! Da nahmen sie den Stein weg. Jesus aber erhob seine Augen und sprach: Vater, ich danke dir, daß du mich erhört hast. Ich wußte, daß du mich immer erhörst; aber wegen der Menge, die um mich herumsteht, habe ich es gesagt; denn sie sollen glauben, daß du mich gesandt hast. Nachdem er dies gesagt hatte, rief er mit lauter Stimme: Lazarus, komm heraus!
>
> Joh 11,39a. 41–43.

Nachdem die Toten sogleich am Sterbetag begraben werden, liegt Lazarus bei der Ankunft Jesu in Betanien schon vier Tage im Grab. Hierunter ist ein Höhlengrab zu verstehen, in dessen Innern die Toten auf seitlichen Bänken liegen. Eine Steinplatte verschließt den Schacht, durch den über eine Treppe die Grabhöhle erreichbar ist. Auf den Befehl Jesu, den Stein zu entfernen und das Grab zu

Ausgrabungen am Teich Bethesda (vgl. Joh 5, 2–9)

öffnen, reagiert Marta mit Schaudern, denkt sie doch an den zu erwartenden Verwesungszustand des toten Lazarus, dessen Tod sie mit Maria und vielen Trauergästen aus dem Ort selbst wie dem nahen Jerusalem beklagt. Ihr Zögern und Protest überwindet Jesus mit dem Verweis auf seine vorangegangenen Worte „Ich bin die Auferstehung und das Leben“ (Joh 11,25) und auf ihr Bekenntnis „Ja, Herr, ich glaube, daß du der Messias bist, der Sohn Gottes, der in die Welt kommen soll“ (Joh 11,27). Nachdem Maria mit den ihr folgenden Trauergästen weinend hinzukommt, kann Jesus seine Erregung über den zutage tretenden Unglauben nicht verbergen. Immer wieder ist seine Sendung gefordert wie in Zweifel gezogen. Darum befiehlt er, das Grab zu öffnen, und das Unerwartete, das Wunder geschieht. Doch ereignet sich jetzt nicht eine Totenerweckung, wie er sie an der Tochter des Jairus oder an dem Jüngling von Naim aus Barmherzigkeit wirkt. Hier setzt Jesus ein weiterreichendes Zeichen, das sich allein von seinem Anspruch „Ich bin die Auferstehung und das Leben“ her begründet. Und so lenkt der Evangelist Johannes auch mit dem Gebet des Herrn im Anschluß an den Befehl, den Stein wegzuheben, die Aufmerksamkeit vom sich ereignenden Wunder auf Jesus selbst, den Sohn Gottes. Dieses Gebet weist das besondere Verhältnis Jesu zum Vater auf. Zwischen beiden besteht eine persönliche Gemeinschaft, die das gesamte Werk Jesu trägt und bestimmt. Jesus weiß, daß er alles vom Vater empfängt, daß sein Gebet schon im voraus erhört ist und daß hinter jedem seiner Werke der Wille des Vaters steht, den er erfüllt. Diese lebendige Gemeinschaft mit dem Vater wird durch die Erweckung des Lazarus öffentlich bezeugt. Dem Dank folgt die Fürbitte für die umstehenden Menschen. Sie sollen zum Glauben gelangen. Wird dies auch bei einigen erreicht, so doch nicht bei allen. Ihr Unglaube ist nicht durch Wunder zu brechen. Statt in Jesus den Sohn Gottes zu erkennen, sehen sie in ihm eine Gefahr, der es zu begegnen gilt. Die von ihnen deshalb benachrichtigten Hohenpriester und Pharisäer suchen im daraufhin zusammengerufenen Hohen Rat nach Möglichkeiten, Jesus zu töten, da sie um ihre Machtstellung fürchten. Sie haben Angst, daß Jesus eine politisch-messianische Bewegung entfacht, welche eine unterdrückende Reaktion der Römer auslöst, in deren Verlauf auch der Hohe Rat seiner verbliebenen Machtbefugnis beraubt wird. Deshalb äußert Kajaphas skrupellos, es sei besser, Jesus werde sterben, und setzt das Todesurteil noch vor Prozeßbeginn schon fest. Dem religiösen reiht sich hiermit auch ein politischer Gegensatz zwischen Jesus und den Führern des jüdischen Volkes an, der den bevorstehenden Tod Jesu „für das Volk“ unausweichlich macht. Mit seiner Formulierung „für das Volk“ wird Kajaphas wider willen zum Propheten und Deuter des Todes Jesu als Erlösungstat über alle Völkergrenzen hinweg. Daß er mit seiner Forderung den Anspruch Jesu, der sich in der Erweckung des Lazarus beweist, durch die dem Tod folgende Auferstehung vorantreibt, kann er nicht ahnen. Schon vor Prozeßbeginn und Golgota wird die Macht des Todes gebrochen.

Herr, Du bist die Auferstehung und das Leben. Dem Willen des Vaters gehorchend bist Du um unseres Lebens willen in den Tod gegangen. Du hast uns erlöst. Wir glauben Dir und beten Dich an.

Die Zeloten

Denn seit Urzeiten haben wir es so gehalten, weder den römischen, noch irgendwelchen anderen Herrn zu dienen, nur Gott allein. Er herrscht über den Menschen in Wahrheit und Gerechtigkeit.
Aus der Rede des Eleazar ben Jair, letzter Befehlshaber der Festung Massada.

Die jüdischen „Eiferer für Gott" gewannen an politischer Bedeutung eigentlich erst während des Krieges 66–73 n. Chr. Sie trugen auch die Hauptlast dieser Erhebung. Am Anfang waren es nur wenige Männer, deren unversöhnlicher Haß sich gegen die Römer und all die Juden richtete, die mit der verhaßten Besatzung zusammenarbeiteten.

Anders wie die Essener, waren die Zeloten Männer, die den Kampf gegen die Tyrannei aufnahmen und sich nicht in der Einsamkeit der Wüste versteckten, um des Friedens willen. Essener, Pharisäer und Sadduzäer standen auf der Seite der Friedliebenden, sie warteten auf das Erscheinen des Messias und auf das Königreich Gottes. Sie lebten in der Überzeugung, daß dieses Ziel nicht mit Gewalt erreicht werden kann, sondern nur durch rechtschaffenes Verhalten und Treue gegenüber der Thora. So wurden diese drei Gruppen zu scharfen Gegnern der Zeloten, weil sie deren Gewalttätigkeiten, die offene Feindschaft gegen die Römer ablehnten und darin eine ungeheure Gefährdung der nationalen Existenz sahen.

Die Zeloten waren jedoch keinesfalls nur Nationalisten wie die Makkabäer, sie waren fanatische Patrioten, überzeugt von der Richtigkeit ihres Handelns, beseelt von einer tiefen, echten Hingabe zur Thora und der glühenden Liebe für Land und Volk. Die waren bereit dafür zu kämpfen und zu sterben. Denn sie sahen in der Thora die Vollmacht, allen Feinden Gottes und dessen Volk die Stirn zu bieten. Für sie war das Gesetz die herrliche Offenbarung des göttlichen Willens und sein Weg für Israel.

Natürlich kam es bei solchem Gesetzeseifer auch zu extremen Ausschreitungen, wie z. B. zu zahlreichen Meuchelmorden im Gedränge der engen Straßen.

Gott ist der Gott Israels, die Israeliten sind sein erwähltes Volk, das Land ist sein Land und wird durch die Gegenwart der Heiden verunreinigt. Sich mit der Fremdherrschaft abzufinden und den Römern zu unterwerfen, war eine Verleugnung göttlicher Rechte.

Der erste, der zum bewaffneten Widerstand aufrief, war Hezekiah, den Herodes d. Gr. als gefährlichen Gegner erkannte und nach seinem Regierungsantritt hinrichten ließ. Sein Sohn, bekannt unter dem Namen Jehuda der Galiläer, organisierte die Zeloten, eine Truppe verzweifelter, zu allem entschlossener Männer, die bereit waren, in den Tod zu gehen, um der gerechten Sache willen, die für sie heilig war. Jehuda fiel und seine Anhänger lösten sich auf.

Doch diese erneute Erhebung beschleunigte die völlige Unterwerfung der Provinz Juda durch die Römer nach dem Tode des Herodes. Die rivalisierenden Ansprüche der Söhne des Herodes auf den Thron zwangen Rom im Jahre 6 schließlich zur völligen Einverleibung dieses Landesteils in die römische Provinz Syrien.

Die anhaltenden Demütigungen und Verfolgungen durch die Statthalter Roms waren Anlaß für die Zeloten zu einem erneuten Aufstand.

Mehanem ben Jehuda aus Galiläa übernahm die Führung und appellierte in einem dramatischen Aufruf an das Volk, den Kampf auf Leben und Tod gegen die Unterdrücker aufzunehmen. Doch die Pharisäer ihrerseits versuchten noch einmal, die Fanatiker davon zurückzuhalten, sich in den totalen Untergang zu stürzen. Doch ohne jeden Erfolg. Das Land ging in Flammen auf, der letzte, entscheidende Krieg hatte begonnen, der so viel Unglück über die Nation bringen sollte.

Dann kam das Jahr 70. Nach einer furchtbaren Belagerung und erbarmungslosem Gemetzel durch die Römer unter Titus fiel die Stadt Jerusalem, der Tempel brannte.

Der jüdische Staat schien endgültig untergegangen; doch das Judentum und dessen Lehre überlebten.

Chanukka-Leuchter vor der Klagemauer. – Diese Leuchten erinnern an das Tempelweihefest, das nach dem Sieg über die Syrer im Jahre 165 vor Christus zum Andenken an die Reinigung und Einweihung des Tempels an acht Tagen hintereinander begangen wurde.

Tempelreinigung

Jesus ging in den Tempel und trieb alle Händler und Käufer aus dem Tempel hinaus; er stieß die Tische der Geldwechsler und die Stände der Taubenhändler um. Mt 21,12

Nachdem Jesus in Galiläa die Umkehr und die angebrochene Gottesherrschaft verkündet hat, setzt er die Reich-Gottes-Predigt in Jerusalem fort. Wie zuvor wird auch hier die Lehre von Zeichen verstärkt. Ein solches setzt Jesus mit der Tempelreinigung. Mit Bezug auf die Propheten Jesaia „Denn mein Haus wird ein Haus des Gebets für alle Völker genannt" (Jes 56,7) und Jeremia „Ist denn in euren Augen dieses Haus, über dem mein Name ausgerufen ist, eine Räuberhöhle geworden?" (Jer 7,11) lassen die Synoptiker durch Jesus den Vorwurf erheben: „Ihr aber habt daraus

Blick auf den Tempelberg vom Ölberg her.

eine Räuberhöhle gemacht“ (Mk 11,17). Diese Anklage richtet sich nicht allein gegen die Händler und Geldwechsler innerhalb des Tempelbezirks, die den Wallfahrern das Tempelopfer und die Tempelsteuer ermöglichen. Auch ist es nicht Anliegen Jesu, dem Gottesdienst im Tempel seine Reinheit wiederzugeben oder gar Gebets- gegen Opfergottesdienst auszuspielen. Hier greift er den Tempelkult als Ganzes an. Mag diese „Reinigung“ auch teils sehr dramatisch ausgeschmückt sein und von daher verleiten, bei einem zornigen Jesus, einem Revolutionär oder Reformator, stehenzubleiben: diese und auch einen zelotischen Akt einbeziehender Betrachtungsweisen werden der wesentlichen Aussage nicht gerecht. Mit dem gewaltmäßigen Eingriff in den Tempel- und Opferbetrieb verweist Jesus zeichenhaft auf den neuen Tempel, der mit dem Gottesreich kommen wird. Dieser neue Tempel wird nicht mehr aus Stein errichtet sein. „Einen Tempel sah ich nicht in der Stadt. Denn der Herr, ihr Gott, der Herrscher über die ganze Schöpfung, ist ihr Tempel, er und das Lamm“ (Offb 21,22). Diese endzeitliche Schau in der Offenbarung des Johannes steht hinter dem Handeln und der Zeichenaussage Jesu: Der Tempel hat seine heilsgeschichtliche Stellung verloren, wie auch Jerusalem und Israel in der Engführung auf diese Stadt und dieses Volk allein ihren Heilsanspruch vertan haben. Die Zeit des alten Kultes ist beendet. Es bedarf keines Tempels und keiner Tempelopfer mehr.

Mit dem folgenden Tod Jesu und seiner Auferstehung bricht die Zeit des neuen Tempels an: Der gestorbene und auferstandene Herr ist selbst als Tempel in der Mitte des neuen Gottesvolkes gegenwärtig. Daß die Tempelhierarchie der Hohenpriester und der sadduzäischen Schriftgelehrten diesen Tod Jesu verfolgen, ist durch den Frontangriff Jesu auf den Tempel und die Jerusalemer Priesterschaft nur zu verständlich. Mit ihrem Versuch, seiner habhaft zu werden und ihn umzubringen bzw. umbringen zu lassen, beschleunigen sie in ihrer Unkenntnis letztlich gegen ihren Willen den heilsgeschichtlichen Prozeß des voranschreitenden Gottesreiches und das Kommen des neuen Tempels, zu dem alle Völker Zugang haben werden. Im Tempel hat die Heilsbotschaft ihren Anfang genommen (Lk 1,5 f „Der Zwölfjährige im Tempel“), im Tempel findet sie den erfüllenden Abschluß. Von nun an kann sie nach Tod und Auferstehung, nach Beendigung der heraufgeführten Entscheidung in die ganze Welt gehen. Die Bindung der Gegenwart Gottes an den gemauerten Tempel wird aufgehoben. Nunmehr ist der Herr überall dort tempelhaft lebendig gegenwärtig, wo Menschen seinem Wort glauben und sich zu seiner Kirche zusammenfinden.

Herr, Du bist in unserer Mitte gegenwärtig und enthältst Dein Heilsangebot niemanden vor. Laß uns Dein lebendiger Tempel sein.

Der Tempelplatz. – Die Omarmoschee steht an der Stelle, an der Abraham seinen Sohn Isaak opfern wollte.

Das Sedermahl

> Mose sagte zum Volk: Denkt an diesen Tag, an dem ihr aus Ägypten, dem Sklavenhaus, fortgezogen seid; denn mit starker Hand hat euch der Herr von dort herausgeführt.
> Sieben Tage lang sollst du ungesäuerte Brote essen, am siebten Tag ist ein Fest zur Ehre des Herrn.
>
> Ex 13, 3 u. 6

Das siebentägige Paschafest, welches das Judentum aller Zeiten mit einem festlichen Mahl, dem Seder feiert, fällt in die Zeit vom 14. – 21. des Monats Nissan (März/April). Es ist das wichtigste der drei großen Wallfahrtsfeste, an denen man nach Jerusalem hinaufzog.

Es ist nicht nur das Frühlingsfest, mit dem das Wiedererwachen der Natur begrüßt wird, es ist auch das Fest der Freiheit. Denn in der Wüste Sinai schloß Gott seinen „Ewigen Bund" mit diesem Volk; eine Nation in Freiheit wurde geboren. Deshalb wurde der Monat Nissan zum ersten Monat im jüdischen Kalenderjahr, obwohl das eigentliche Neue Jahr im Monat Tischri (Sept./Okt.) gefeiert wird.

Der Tisch für diese Feier ist besonders festlich gedeckt. In der Mitte steht eine Schüssel, in deren sechs Vertiefungen Speisen liegen, die das Volk an die Leiden und Nöte in ägyptischer Gefangenschaft erinnern sollen.

Obenauf liegen drei Matzot, die ungesäuerten Brote, das Brot des Elends symbolisierend, ein hartgekochtes Ei, welches in seiner Zerbrechlichkeit an die Vergänglichkeit alles Irdischen erinnern soll, daneben Meerrettich, Petersilie und eine Schüssel mit Salzwasser oder Essig.

In einem kleinen Gefäß befindet sich ein bräunlicher Brei aus zerkleinerten Mandeln, Zimt, Äpfeln, Zucker und einem Schuß Wein, Charosset genannt. Dieser Brei erinnert in seiner Farbe an den Ton, aus dem die Kinder Israels in der Gefangenschaft Ziegeln herstellen mußten.

Vor jedem Gast steht ein Glas Wein. Ein leerer Platz ist für den Propheten Elija reserviert, der die Menschen in all ihrem Sehnen und Zukunftshoffen an das Kommen des Messias erinnert.

Der Hausherr spricht mit erhobenem Glas den Dankessegen und fragt dann den jüngsten Teilnehmer des Kreises: „Ma nischtana haleila mikol haleilot?" (Warum ist diese Nacht anders wie alle anderen Nächte des Jahres?)

Nachdem man von den symbolischen Speisen genossen hat, unterbrochen von Gesängen, beginnt man mit der Lesung aus der Haggada, einem kleinen Büchlein, welches die aus der Bibel bekannten Erzählungen des Auszugs aus Ägypten, mit allen späteren Zusätzen und Erklärungen, beinhaltet.

Danach folgt das eigentliche festliche Mahl.

Der Segen des Hausvaters beim Sedermahl, einer sephardischen (orientalisch-jüdischen) Familie.

Als die Stunde gekommen war, begab er sich mit den Aposteln zu Tisch. Und er sagte zu ihnen: Ich habe mich sehr danach gesehnt, vor meinem Leiden dieses Paschamahl mit euch zu essen. Denn ich sage euch: Ich werde es nicht mehr essen, bis das Mahl seine Erfüllung findet im Reich Gottes.

Lk 22,14–16

Für das jüdische Verständnis ist ein Mahl nicht allein eine Form der Sättigung, sondern ein religiöses Geschehen, in dem die Teilnehmer Anteil am Geschenk Gottes wie Gemeinschaft erfahren, die sich über die zwischenmenschliche auf die Beziehung zu Gott erstreckt. Darum auch die Reinheitsgebote, die u. a. eine Tischgemeinschaft mit Heiden und Sündern verbieten. Besonderen religiösen Charakter hat das Paschamahl in Erinnerung an die Befreiung aus ägyptischer Knechtschaft durch Gott. Das einstige göttliche Handeln wird im Mahl vergegenwärtigt und verweist auf die endzeitliche Mahlgemeinschaft am Tisch Gottes. Die augenfällige Verwandtschaft mit dem christlichen Mahlverständnis wird dadurch erklärlich, daß Jesus ein solches Mahl der Befreiung mit seinen Jüngern feiert, als er seinen Tod nahen sieht. Ob es im Ablauf und vom Zeitpunkt her ein Paschamahl ist, das er im Obergeschoß eines uns unbekannten Hauses feiert, sei aufgrund der unterschiedlichen Aussagen der Evangelien dahingestellt. Jedenfalls ist der Bezug zum jüdischen Paschamahl gegeben, der bei Lukas aufgrund der Einhaltung der Reihenfolge der Mahlzeiten am deutlichsten zutage tritt. Der Segen über dem Wein wird der Danksagung über dem Brot vorangestellt. Fehlt auch die Deutung des Mahles von der Rettung Israels aus Ägypten und der Wüstenzeit her, so ist es doch ein Mahl der Befreiung. Nicht der Hausvater reicht Wein und Brot an die Tischgenossen, sondern Jesus schenkt sich unter den Gestalten von Wein und Brot selbst. Die darin sich ereignende Befreiung wird in den diese Hingabe deutenden Worten ausgesprochen, die zum einen den Erlösungstod benennen, zum anderen auf die endzeitliche Mahlgemeinschaft mit Gott verweisen, die in dem geforderten Nachvollzug dieses Mahles schon vorendzeitlich gegenwärtig ist. Der am Sinai geschlossene Gottesbund wird erneuert zugunsten der schon von Jeremia verheißenen neuen Heilsordnung Gottes. Sind auch die Einsetzungsworte von der liturgischen Tradition der jungen Kirche geprägt, so geben sie doch das Selbstverständnis Jesu wieder, das schon vor diesem Abendmahl, sei es in der Brotvermehrung, sei es in der Tischgemeinschaft mit Zöllnern und Sündern, anklingt. Er, auf den schon der Schatten des Kreuzes fällt, stiftet mit diesem Mahl ein Zeichen, das die bevorstehende Trennung überwinden und die Gemeinschaft mit ihm fortsetzen wird, bis die mit ihm angebrochene Herrschaft Gottes ihre Erfüllung findet. Wie im jüdischen Paschamahl klingen hier Vergangenheit, Gegenwart und Endzeit zusammen und werden in der Gestalt des Mahles vereint. Was war, ist nun gegenwärtig und weist auf die endzeitliche Erfüllung hin. Entspricht die christliche Abendmahlsfeier auch nicht in direkter Weise dem Sedermahl des Paschafestes, so hat sie doch darin ihre von Jesus selbst verstandene Wurzel, ohne den Charakter des Neuen zu verlieren.

Laß uns, Herr, die Einheit leben, die Du uns mit der Feier Deines neuen Bundesmahles geschenkt hast.

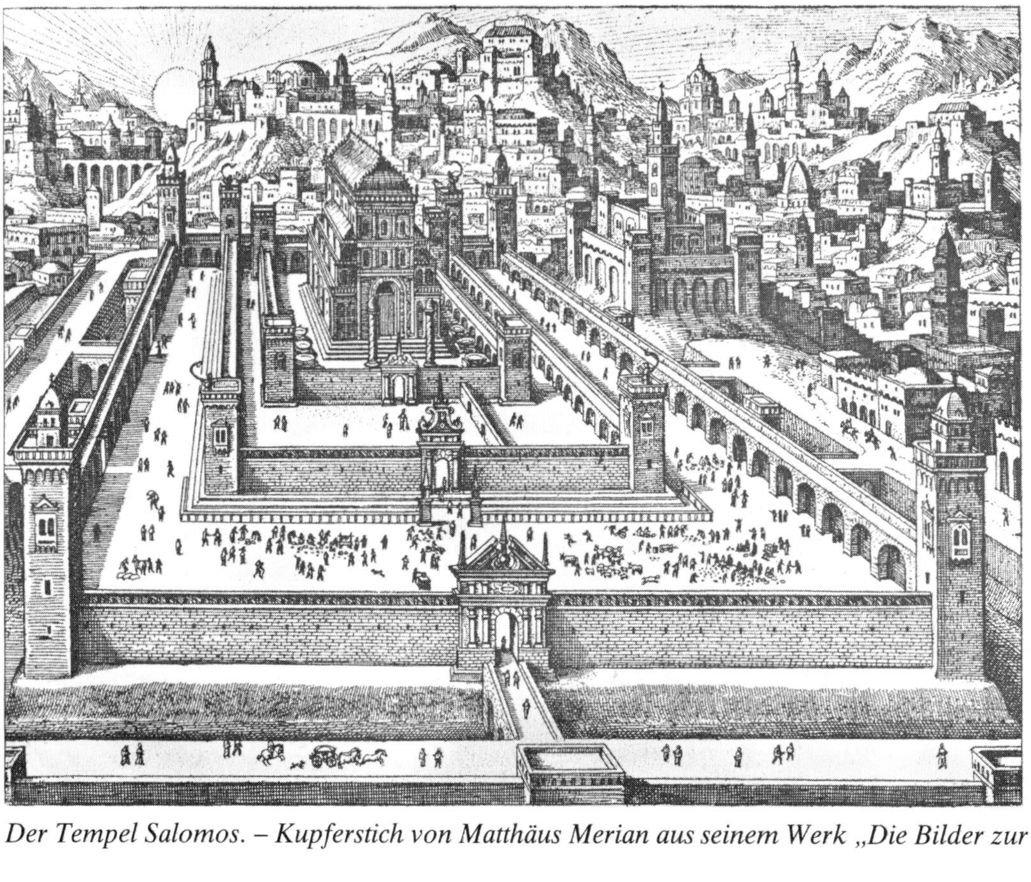

Der Tempel Salomos. – Kupferstich von Matthäus Merian aus seinem Werk „Die Bilder zur Bibel".

Die Sadduzäer

Die Tzedukim oder Sadduzäer leiten ihren Namen möglicherweise von dem Priester Zadok ab, der zur Zeit der Könige David und Salomon Hoherpriester war. Während der letzten 200 Jahre vor der Zerstörung des zweiten Tempels wurden sie besonders aktiv. Das war auch die Zeit, wo sich der Pluralismus im Judentum abzuzeichnen begann. Sie waren keine Sekte im eigentlichen Sinn sondern mehr eine soziale Kaste.

Unter dem Schutz des mächtigen Makkabäer-Fürsten Johannes Hyrkanus I. (135–104) schlossen sie sich zu einer Feudalvereinigung zusammen. Eine Gruppierung mit ungeheurer Machtfülle, denn die Wohlhabenden, die Großgrundbesitzer, die Ältesten und der geistliche und weltliche Adel standen hinter ihnen.

Doch die Volksmengen konnten sie nie erreichen.

Hyrkanus war zunächst mit den Pharisäern, als der populären Volkspartei, verbunden. Unter seinem Druck saßen erstmalig hauptsächlich Pharisäer im Hohen Rat, dem höchsten religiösen und gesetzgebenden Gremium jener Zeit, bis diese sich gegen die militante Politik ihres Gönners wandten; aus Verbündeten, wurden erbitterte Gegner.

Die Sadduzäer stellten den Hohenpriester, der gleichzeitig auch Vorsitzender des Hohen Rates war und bestanden auf dem, von alters her hergeleiteten Vorrecht des Hohenpriesters, bei allen Entscheidungen, die Thora betreffend, bei Stimmengleichheit den Ausschlag zu geben.

Sie galten als Opportunisten und waren hellenistisch stark beeinflußt. Doch waren sie ohne Zweifel aufgeklärte, bildungsbereite und der Gegenwart zugewandte Männer. Trotzdem widersetzten sie sich jeglicher Reform, da sie um ihren politischen Einfluß und ihre Privilegien bangten. Sie verachteten das einfache Volk, genauso wie den fanatischen Gesetzeseifer ihrer Gegner, der Pharisäer.

Sie schätzten die Ruhe und den inneren Scheinfrieden im Lande unter dem Schutze römischer Legionen und teilten deshalb auch nicht den ihnen gefährlich erscheinenden Glauben an das baldige Erscheinen eines militanten, jüdischen Messias, der das Volk vom Joch der Römer erlösen würde.

Sie unterschieden sich aber auch von den Pharisäern nicht nur durch bestimmte theologische Lehren. So anerkannten sie nur die eigentliche Thora, die fünf Bücher Mose und lehnten deren mündliche Auslegung genauso ab, wie die zahlreichen zusätzlichen Schriften. Ebenso lehnten sie die Auferstehungslehre, den Glauben an die Unsterblichkeit der Seele und die Existenz der Engel ab.

Sie wiedersetzten sich aber auch heftig den zahllosen Ritualen und Zeremonien, die von den Pharisäern eingeführt wurden und ersetzten diese durch ihre eigenen, welche wiederum von den Pharisäern abgelehnt wurden.

Weitere Spannungen entstanden zwischen diesen beiden Gruppen immer wieder im Zusammenhang mit kultischen Problemen und Rechtsfragen. Oft genug waren geringfügige Anlässe

Auslöser für Konflikte, wie z. B. wegen der Forderung, daß das Wochenfest (Schavuot) nur auf den Tag nach dem Sabbat fallen dürfe.

Diese Auseinandersetzungen führten manchmal zu schweren Meinungsverschiedenheiten, ja zu Morden. Und unter Alexander Jannai, der sich hinter die Sadduzäer stellte, kam es schließlich sogar zum Bürgerkrieg.

So erlaubten die Sadduzäer unter anderem auch, daß der Einzelne sein tägliches Opfer selbst finanzieren könne, während die Pharisäer darauf bestanden, daß das Geld hierfür der Religionssteuer entnommen wird, welche alle Juden zu entrichten hatten. Im Gegensatz zu der humanen, liberalen Auffassung des Strafrechts durch die Pharisäer, verlangten die Sadduzäer eine drakonische Verschärfung desselben. So sollte u. a. für den Schaden, den ein Sklave verursacht hatte, dessen Herr voll haftbar gemacht werden.

Es ist schwer, den Widerspruch zu erklären, der sich daraus ergibt, da sich die Sadduzäer einerseits ängstlich an den Buchstaben klammerten, andererseits aber z. B. die in der Thora so oft erwähnte Existenz der Engel ablehnten.

Sie verneinten auch das Dogma von der göttlichen Vorsehung, da ihrem theologischen Verständnis nach Gott sich nach der Schöpfung völlig zurückzog und jedem Menschen überließ, sein eigenes Schicksal zu bestimmen. Jedes ihn treffende Unglück hat der Mensch somit selbst verschuldet.

Bis zu Beginn der Regierung der Königin Salome Alexandra, der Witwe Alexander Jannais, hatten die Sadduzäer die absolute Führung im Judentum; jetzt begann ihr Niedergang, die verhaßten Pharisäer traten an ihre Stelle.

Der Hohe Rat wurde zum Instrument der Macht der Pharisäer.

Doch noch einmal, wenn auch für kurze Zeit, gewannen sie unter Herodes d. Gr. ihren alten Einfluß zurück. Mit der Zerstörung des Tempels, mit dem sie ja aufs engste verbunden waren, verschwanden dann auch die Sadduzäer.

Römische Treppe aus der Zeit Jesu, über die er nach seiner Gefangennahme zum Sanhedrin geführt wurde. Im Hintergrund die Kirche St. Peter in Gallicantu.

Das Sanhedrin

Die erste Zeit nach der Rückkehr aus dem babylonischen Exil war eine Periode der Ruhe und des Friedens unter persischer Herrschaft. Eine Gruppe schriftkundiger Männer, die Soferim, beeinflußt von der Lehre des Propheten Esra, gründete eine Körperschaft, den „Großen Rat", um die Thora zum Allgemeingut des Volkes werden zu lassen. Sie legten die fünf Bücher Mose aus und bestimmten die Gesetzgebung auf allen Gebieten des menschlichen Daseins. Vom Geist der „Heiligen Schrift" geleitet, paßten sie das Gesetz den veränderten Bedingungen an und milderten dessen Schärfe, wo immer es ging.

Sie bemühten sich um strikte Gerechtigkeit und Unparteilichkeit. So wurde z. B. auch das Sabbat-Gesetz weitaus großzügiger und milder ausgelegt. Andererseits schufen sie eine Vielfalt von Vorschriften, um die Heiligkeit der Thora zu schützen, einen richtigen „Gesetzeszaun".

Doch standen alle diese Bemühungen von Auslegungen, Anpassung und Einschränkungen im Schatten des großen Zieles, die Thora als die heilige Quelle allen Lebens und Tuns in die Herzen und Seelen der Menschen zu tragen.

Unter der Herrschaft der Seleukiden kam das Ende dieses „Großen Rates".

Erst in der späteren Zeit des zweiten Tempels wurde dieses Gremium in veränderter Form wieder ins Leben gerufen. Die politische Situation verlangte eine gesetzgebende Versammlung, um die langjährige Arbeit der Soferim fortzusetzen.

Unter dem Selenhiden Antiochus III. von Syrien, der von 223 bis 187 regierte, wurde diese Körperschaft unter dem Namen Gerusie, d. h. Ältestenrat, neu gegründet, um die Interessen des Volkes gegenüber den weltlichen Herrschern zu vertreten.

In der Zeit der Makkabäer trat dann eine neue gesetzgebende Organisation das Erbe dieses Ältestenrates an, das Sanhedrin. Dieser Hohe Rat wurde zur höchsten gesetzgebenden Versammlung der Juden, zur höchsten Berufungsinstanz bei allen Prozessen.

Sie bestand aus 71 Mitgliedern und stand unter dem Vorsitz von 2 Männern, dem Nasi, als Vorsitzenden und dessen Stellvertreter.

Zunächst beschränkten sich die richterlichen Befugnisse, das Sanhedrin, nur auf die Person des Hohenpriesters und des Königs und auf die Rechtsbestimmungen im Zusammenhang mit dem Auftreten eines falschen Propheten.

Neben dem sogenannten großen Sanhedrin bestanden auch örtliche kleinere Behörden dieses Namens mit jeweils 23 Mitgliedern. Unter Herodes und dessen Nachfolgern wurden die Befugnisse dieses Rates eng begrenzt und beschränkten sich dann ausschließlich auf religiöse Angelegenheiten.

Darauf nahmen sie ihn fest, führten ihn ab und brachten ihn in das Haus des Hohenpriesters. Als es Tag wurde, versammelten sich die Ältesten des Volkes, die Hohenpriester und die Schriftgelehrten, also der Hohe Rat, und sie ließen Jesus vorführen. Lk 22,54.66

Jesus sucht nicht freiwillig den Tod, ringt mit der Versuchung, dem Tod zu entrinnen, stellt sich dann aber doch unter den Willen des Vaters und bleibt seiner Sendung treu. So widersetzt er sich nicht seiner Verhaftung durch die Tempelwache am Ölberg, greift vielmehr in den darum entstehenden Tumult friedenstiftend ein. Dann läßt er sich abführen und in das Haus des Hohenpriesters bringen. Im Gegensatz zu Markus und Matthäus spricht der dort versammelte Hohe Rat nicht das Todesurteil aus. Dafür liefert er ihn aber den Römern aus, die jede messianische Bewegung unterdrücken. Ob diese Zusammenkunft des Synedriums ein der Gesetzgebung entsprechender Prozeß ist, sei dahingestellt, denn ein ordentliches Verfahren ist zur Nachtzeit unvorstellbar. Jedenfalls sucht der Hohe Rat belastendes Material gegen Jesus zu sammeln, um eine Auslieferung an die Römer zu rechtfertigen. Mit dem Messiasbekenntnis gibt Jesus ihm hierfür Anlaß. Das Synedrium hat damit sein Ziel erreicht, denn als Messias mit der von den Römern verstandenen politischen Absicht werden diese ihn hinrichten. Die Sadduzäer, die um des Erhalts ihrer gesellschaftlichen Stellung willen im Einvernehmen mit der römischen Oberhoheit leben wollen, haben gesiegt. Ihre Grausamkeit wird noch durch das Verhalten der ihnen zuzurechnenden Wächter verstärkt, die mit Jesus ihren brutalen Spott treiben. Da sie jede Prophetie leugnen, setzen sie hier mit ihren Quälereien an und sind bemüht, die prophetische Gabe Jesu zu verhöhnen. Je negativer sich aber der Hohe Rat mit seinen Schergen bloßstellt, desto mehr hebt sich das Christus-Bekenntnis Jesu von der Empörung der Ratsmitglieder ab. Ihr Schreien kann seinem Selbstzeugnis nichts anhaben. Hier begegnen sich zwei Welten, von denen die eine um die eigene Macht bangt und um jeden Preis kämpft und die andere im Selbstbewußtsein der Gottessohnschaft über alle Grausamkeit erhaben, konsequent einen Weg geht, der die Zeit jener überdauern wird. Er weiß, daß er in die Herrlichkeit des Vaters eingehen und erhöht sein und daß seine Auslieferung zum Tode seine Bestimmung nicht hindern wird. Die auf Daniel zurückzuführende Schau (Dn 7,13) ist angesichts seines Leidens und Kreuzestodes für den Juden kein Beweggrund, ihn als Messias anzuerkennen. Die Annahme dieses Anspruchs ist nur in einem Glauben möglich, der im Gegensatz zu der sich sperrenden Haltung des Hohen Rates die Bereitschaft zur Nachfolge Jesu miteinschließt.

Wir erwarten nicht, Herr, daß Du dich selbst bezeugst und Deine Göttlichkeit beweist. Dir gebührt unser Dank dafür, daß Du unter uns den Willen des Vaters gelebt hast, dem auch wir uns unterstellen.

Verurteilung

Pilatus rief die Hohenpriester und die anderen führenden Männer und das Volk zusammen und sagte zu ihnen: Ihr habt mir diesen Menschen hergebracht und behauptet, er wiegle das Volk auf. Ich selbst habe ihn in eurer Gegenwart verhört und habe keine der Anklagen, die ihr gegen diesen Menschen vorgebracht habt, bestätigt gefunden.

Lk 23,13 f

Nachdem der Hohe Rat Jesus verhört hat, läßt er ihn zu Pilatus bringen. Diese Auslieferung erfolgt in der Absicht, daß der für seine Grausamkeit bekannte römische Statthalter Jesus zum Tode verurteilen werde, und wird mit politischem Vergehen begründet. Die Steuerfrage und der messianische Anspruch Jesu werden vorgebracht, wobei die Ratsmitglieder in beiden Belastungen die eigentliche Aussage Jesu verschweigen oder verfälschen. Selbst die von Jesus bejahend beantworte-

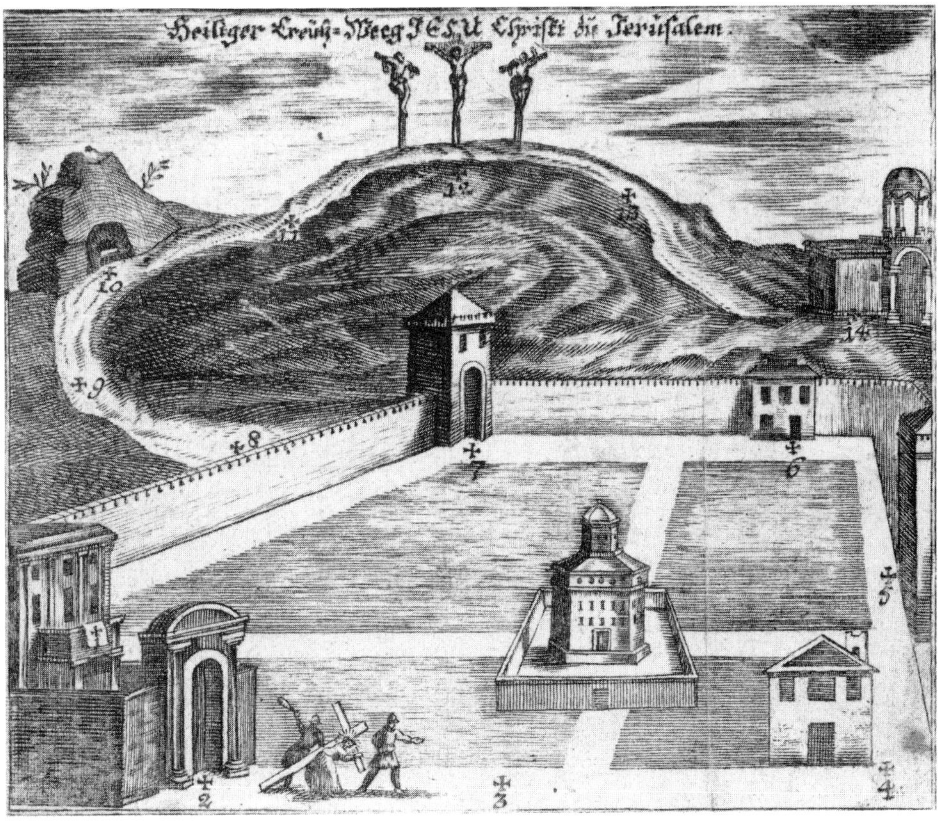

Der Kreuzweg. – Kupferstich um 1760.
Linke Seite: Kreuztragung – Kupferstich um 1750.

te Frage des Pilatus „Bist du der König der Juden?“ kann ihn aber von der politischen Gefährlichkeit Jesu nicht überzeugen, da Jesus ihm gegenüber diesen zugesprochenen Anspruch nicht im politischen Sinn erhebt. Deshalb bezichtigen die Hohenpriester und das Volk Jesus noch weiterer revolutionärer, zelotischer Aktivitäten gegen die römische Besatzungsmacht. Diese Einschätzung Jesu als Zelot, die schon bei seiner Gefangennahme zum Ausdruck kam und gegen die sich Jesus immer wieder – auch bei der als Anklage vorgebrachten Steuerfrage – verwehrte, wird gegen ihn vorgebracht, da bekannt ist, daß die Römer gegen die zelotische Bewegung radikal vorgehen. Nachdem auch diese Beschuldigungen nicht die gewünschte Wirkung zeigen, Pilatus eher dazu neigt, Jesus nach einer Züchtigung freizulassen, offenbart sich erst recht die auf Verdrehungen und Lügen aufbauende Anklage. Denn jetzt wird von Pilatus die Freilassung des Zeloten Barabbas lauthals gefordert. Jener hat sich der und größerer Straftaten schuldig gemacht, die Jesus in Verdrehung der Wahrheit vorgeworfen werden. Diese Entscheidung für den Mörder Barabbas zu Lasten der Tötung Jesu zeigt die ganze Tragik der Szene und die Verblendung der Ankläger auf. Vor ihnen haben die Grundsätze von Recht und Unrecht ihre Gültigkeit verloren. Sie sind nur von dem Haß beherrscht, der in dem dreimaligen Aufschrei „Kreuziget ihn!“ seinen Ausdruck findet. Nicht der andernorts grausam geschilderte Pilatus, sondern ein aufgehetzter Pöbel drängt Jesus in den Tod. Dagegen ist Pilatus mit einer Kompromißlösung einer Auspeitschung Jesu vor dessen Freilassung ebenso machtlos wie Josef von Arimathäa, welcher der Tötungsabsicht des Synedriums nicht zustimmte. Wie Jesus die Frage nach seinem Königtum an Pilatus zurückgibt und ihm die Entscheidung überläßt, so übereignet er sich auch seinem Volk, das seine Wahl in der Spannbreite zwischen Glaube und Verweigerung ihm gegenüber trifft. Siegt auch vermeintlich die Gruppe derer, die ihn als Messias ablehnen und nach seinem Tod trachten, so überdauert sie doch die in der Pilatusfrage und ihrer Antwort enthaltene Anerkennung wie Selbstbezeugung als messianischer König und führt jene, die an ihn glauben, aus der Passivität in den Einsatz für das durch ihn begründete Reich.

Herr, laß uns Dich bekennen als den König, dessen Reich keine Gewalt angetan werden kann.

Die Kapelle der griechisch-orthodoxen Kirche in der Grabeskirche (Vordergrund). – Nach gesicherter, christlicher Überlieferung ist hier die Stelle, an der das Kreuz Christi errichtet wurde. Im Hintergrund die Kapelle der römischen Katholiken.

Tod und Auferstehung

Alle Menschenleben sind mein Eigentum, das Leben des Vaters, ebenso wie das Leben des Sohnes, sie gehören mir. Nur wer sündigt soll sterben.

Ez 18,4

Der Vergeltungsgedanke war im jüdischen Glauben zutiefst verwurzelt, insbesondere erscheint in den rabbinischen Schriften der Tod als Strafe für die Ursünde und für das sündhafte Leben jedes Einzelnen, für dessen Unglauben und für das sich-von-Gott-entfernt-haben. Der Tod ist der Lohn der Sünde. Der Fromme muß belohnt, der Sünder aber bestraft werden. Immer wieder erscheint in den späteren Schriften der Hinweis, daß sich der Mensch um ein gottgefälliges Leben im Sinne der Thora zu Lebzeiten bemühen sollte, denn mit dem Tod wird ihm diese Möglichkeit genommen.

Der Glaube des Judentums ist getragen vom Verlangen nach der Tat, von dem Wunsch, das göttliche Gesetz schon hier auf Erden zu verwirklichen. Es liegt deshalb bei jedem Menschen, sich noch zu Lebzeiten ganz Gott zuzuwenden oder aber dem Bund untreu zu werden. Über dem Tod des Einzelnen steht das Erkennen, dieses mein Volk ist ewig. Das ist der Trost Gottes, mit welchem in der Stunde des Sterbens die Härte des Todes gemildert wird und der Sterbende im Weiterleben seines Volkes die eigene Ewigkeit erkennen kann.

So war für den Frommen der Tod nicht Sühne. Er wurde von Gott abberufen, um Platz für einen anderen Gesetzestreuen zu schaffen, dem Gott die Weiterführung seines ihm gefälligen Werkes übertrug.

Doch gibt es keinen noch so gottesfürchtigen Menschen, der nicht irgendwann einmal gesündigt hätte. So mußte selbst Mose sterben, dem somit das Betreten des Gelobten Landes versagt blieb.

In der Haggada wird uns berichtet, wie auch Mose, gleich allen anderen Menschen, am Leben hängend, versuchte, Gott umzustimmen, indem er alle seine guten Taten aufzählte. Und selbst der von Gott gesandte „Malach ha-Mawet“, der Todesengel, kehrte zurück, ohne seinen Auftrag erfüllt zu haben und sagte: „Herr, ich kann deinen Knecht nicht bewegen mir zu folgen. Kaum ist es mir möglich, mich ihm zu nähern, so hell strahlt sein Antlitz. Bitte, schick einen Anderen.“ Und Gott selbst mußte Mose küssen und ihn zu sich nehmen.

Noch während der Todesengel den Sterbenden küßt, verläßt die „tote Seele“ ihre leibliche Hülle und tritt die Reise nach Scheol an, in das dunkle Land, von wo es keine Rückkehr mehr gibt.

Es muß auffallen, daß der Auferstehungsgedanke so spät im Alten Testament Aufnahme fand.

Gegen Ende der biblischen Zeit entwickelte sich unter persischem und griechischem Einfluß die Lehre von der Auferstehung. Sie läßt die Toten in einer Zeit, die noch in unbestimmter Zukunft liegt, aus ihren Gräbern steigen. So hofft der Verfasser des 49. Psalms auf ein Fortleben nach dem Tode: „Doch Gott wird mich loskaufen aus dem Reich des Todes, ja er nimmt mich auf“; als Lohn für den frommen Lebenswandel hier auf Erden.

Bei Jesaja werden die Toten wieder auferstehen und jubeln, denn sie sind Fromme und Märtyrer. Noch weiter geht das Buch Daniel, wo es heißt: „Von denen, die im Land des Staubes schlafen, werden viele erwachen, die einen zum ewigen Leben, die anderen zur Schmach, zu ewiger Abscheu."

Hier werden nicht nur die Frommen, sondern auch die Bösen auferweckt, um den ihnen gebührenden Lohn zu empfangen. Auch hier kommt der Vergeltungsgedanke wieder zum Ausdruck.

Nur langsam faßte die Auferstehungslehre im jüdischen Glauben Fuß. Ganz sicher stieß sie in der ersten Zeit auf Widerspruch. Das Buch Kohelet mag uns dafür ein klarer Beweis sein. Denn sein Verfasser fragt noch zweifelnd: „Wer weiß, ob der Atem (Geist) der einzelnen Menschen wirklich nach oben steigt ...?" (Koh 3,21)

Gegen Ende der Zeit des zweiten Tempels wurde der Auferstehungsglaube zum fundamentalen Dogma der pharisäischen Theologie. Jegliche Ablehnung desselben wurde als Ketzerei erklärt.

Seit rabbinischer Zeit ist die Auferstehungslehre Grundlage des Judentums.

Mose ben Maimon (Maimonides), eine der Geistesgrößen des Judentums, im 12. Jahrhundert lebend, zählt die Auferstehungslehre zu den 13 Grundsätzen des jüdischen Glaubens.

Die Auferstehung findet ihren Ausdruck in dem tagtäglich gesprochenen Mincha-Gebet: „Du bewährst deine Treue denen, die im Staube schlummern. Wer ist wie du, der Allmacht Herr? Wer ist dir gleich, ein König, der tötet und belebt, und das Heil erblühen läßt? Getreu bist du, die Toten wieder zu beleben. Gelobt seist du, Herr, der die Toten belebt."

> Und sie brachten Jesus an einen Ort namens Golgota, das heißt übersetzt: Schädelhöhe. Dann kreuzigten sie ihn.
>
> Mk 15,22.24 a

Die sich äußernde Enttäuschung der Emmaus-Jünger (Lk 24,19–21) zeigt an, daß die göttliche Sendung Jesu nicht allein von jenen hinterfragt wird, die auf seinen Tod abzielen. Auch dem Glaubenden wird angesichts der Todesart die Bestätigung erschwert: Du bist der Messias, der Sohn Gottes. Denn hinter diesem Todesleiden steht das Schriftwort, daß jeder, der am Pfahl hängt, „ein von Gott Verfluchter" ist (Dtn 21,23). Wie kann – für jüdisches Verständnis – ein Gekreuzigter der Messias sein? Damit wird aber mit dem messianischen Anspruch Jesu auch seine Lehre hinterfragt. Der Gruppe derer, die in dieser Situation an seiner Messianität zweifeln, sind also nicht allein die Spötter unter dem Kreuz zuzurechnen, wenn sie auch am stärksten die Erwählung Jesu in Abrede stellen bzw. wie bei der Versuchung Jesu gleich dem Teufel (Mt 4,3.5) eine Bestätigung der Gottessohnschaft durch ein Wunder fordern. Am Ende seines irdischen Lebens und Wirkens treten wie zu seinem Beginn die dämonischen Kräfte auf, die den Kreis der Anfechtung und Ablehnung, wogegen Jesu immer wieder anzukämpfen hatte, schließen. Weist Jesus in der Versuchungsgeschichte den Teufel mit dem Gebot zurück, allein Gott zu verehren und zu dienen (Dtn 5,9; 6,13), so bleibt er auch am Kreuz unangefochten von allen Angriffen und weiß sich in seinem Tod allein dem Willen des Vaters verpflichtet. Er bleibt in seinem Gehorsam, in seinem Verzicht auf die ihm vom Vater gegebene und oft erwiesene Macht diesem Gebot, Gott allein zu dienen, und sich selbst treu. Entgegen der allgemeinen Messiasvorstellung, die mit seinem Kreuztod ad absurdum geführt wird, unterstreicht und behauptet er in einem zuvor immer wieder angeklungenen und nunmehr letztgültigem Zeichen seine Messianität, die allein vom Vater und der Ausführung seines Willens bestimmt ist. Daß dieser Anspruch gerade von der Kreuzestafel des Pilatus „Jesus von Nazareth, der König der Juden" (Joh 19,19) – wenn auch wohl in dessen Unkenntnis – bestätigt wird, ist eine Ironie und ein Urteilsspruch über jene, die sich dem Königtum Jesu verweigern. Der Protest der Hohenpriester gegen diese Inschrift (Joh 19,21) hebt die darin zugesprochene Königswürde noch mehr heraus.

Hier stirbt ein Gerechter. Was Pilatus von seinem politischen Denken her Jesus als Würde zuschreibt, belegen die Evangelisten von der Schrift her. Der Ausruf „Mein Gott, mein Gott, warum hast du mich verlassen?" bei Markus (Mk 15,34) und Matthäus (27,46) und „Vater, in deine Hände lege ich meinen Geist" bei Lukas (Lk 23,46) sind ebenso den Psalmen entnommen wie die Schilderung der letzten Geschehnisse bei Johannes. Die dort angeführten Worte und Beschreibungen finden sich in den Psalmen 22,31 und 69. Die dortigen Weissagungen über den Tod des Gerechten erfüllen sich in Jesu Tod. Gerade in der Verfolgung und im Leiden um der Gerechtigkeit willen erweist sich nach diesen alttestamentlichen Verheißungen der Psalmen wie dem vierten Lied vom Gottesknecht (Jes 52,13–53,12) die Auserwählung und Rechtfertigung des Leidenden. Ereilte die Propheten dieses Schicksal, so wird es in stärkstem Maße von Jesus geteilt und als Erhöhung des leidenden Gerechten durch Gott offenbar. Hinter dieser Interpretation steht nach der anfänglichen Unsicherheit (s. Emmaus-Jünger) die österliche Erfahrung. Mit Leben und Tod, Werk und Lehre Jesu insgesamt findet Erfüllung, „was im Gesetz des Mose, bei den Propheten und in den Psalmen" (Lk 24,44) messianisch verheißen ist, ereignet sich Erlösung, die mit der Verkündigung der Umkehr zur Vergebung der Sünden durch alle Zeit wirksame Gegenwart ist (Lk 24,47).

Herr, laß uns unter Deinem Kreuz stehen und Deine Auferstehung verkünden, damit die uns anvertrauten Menschen einstimmen können in das Bekenntnis des heidnischen Hauptmanns: Wahrhaftig, das war Gottes Sohn.

Ihr sucht Jesus von Nazaret, den Gekreuzigten. Er ist auferstanden; er ist nicht hier.

Mk 16,6

Die Auferstehung der Toten hat in der jüdischen Glaubenswelt schon seit der Wende vom dritten zum zweiten Jahrhundert v. Chr. ihren Sitz. Dieser Auferstehungsglaube findet auch im Lukasevangelium seinen Niederschlag im Wort von der Vergeltung bei der Auferstehung der Gerechten (Lk 14,14) wie im Urteil des Herodes über Jesus: „Johannes, den ich enthaupten ließ, ist auferstanden" (Mk 6,16) und stützt sich neben alttestamentlichen Aussagen (2 Mkk 7; Jes 24–27; Dan 12,1–3) auf anderweitige jüdisch-apokalyptische Überlieferungen. Im Gegensatz zu den Sadduzäern und zur Gemeinde in Qumran bekennen sich die Pharisäer ausdrücklich zur Lehre von der Auferstehung der Toten (Apg 23,8). Diese Überzeugung schlägt sich auch in ihrer Befürchtung nach der Grablegung Jesu nieder, die Jünger könnten durch den Diebstahl des Leichnams die Behauptung aufstellen, Jesus sei auferstanden (Mt 27,63 f). Mit ihrem Wort, „dieser letzte Betrug wäre noch schlimmer als alles zuvor" (Mt 27,64), billigen sie der Botschaft von der Auferstehung die ihr eigene Kraft und Gewalt zu als Gipfelpunkt des Lebens und Wirkens Jesu. War für die Sadduzäer die Sache Jesu mit seinem Kreuzestod beendet, befürchten die Pharisäer aufgrund ihres eigenen Auferstehungsglaubens in unbewußter oder bewußter heiliger Ahnung die Auferstehung Jesu und den Fortgang seines Werkes. Wider Willen reihen sie sich damit ein in die Zeugenschar der unvorstellbaren Kraft der Auferstehung Jesu und des Glaubens an sie. Verbindet die vorchristliche Zeit, besonders im alttestamentlich-apokryphen Henochbuch, die Auferstehung der Toten mit den Tagen des Messias, der Zeit der Heilsvollendung, erfüllt sich dieser Glaube jetzt. Mit der Auferstehung Jesu ist die Vollendung der Heilsgeschichte eingetreten. Das leere Grab bezeugt diese Auferstehung ebenso wie die Erscheinung Jesu vor den Jüngern. Brach zur Todesstunde Jesu Finsternis über das ganze Land ein (Mk 15,33), geht nun die Sonne auf, das österliche Licht, in dem sich das Wunder der Auferstehung ereignet hat, dessen Gewalt durch die Frage der Frauen noch betont wird „Wer könnte uns den Stein vom Eingang des Grabes wegwälzen?", „denn er war sehr groß" (Mk 16,2 f). Nunmehr, der weggewälzte Rollstein ist der Beweis, ist durch das nicht beschriebene Handeln Gottes die Macht des Todes gebrochen. Gott hat eingegriffen in den jetzt beendeten Kreislauf von Leben und Tod. Die messianische Heilszeit hat ihre Vollendung gefunden. Der Herr ist leibhaft – entsprechend jüdischen Auferstehungsglaubens – auferstanden. Deshalb ist auch das Grab leer. Die Aussage des Engels, daß der Gekreuzigte lebt, weist über das Kreuz auf die Auferstehung Jesu als Ende seines Weges auf, der wirkend in Galiläa begann, wohin die Jünger auf sein Wort hin nun gehen sollen. Dort begegnen sie ihm und werden gesandt, die Botschaft von der angebrochenen Gottesherrschaft und dem in Jesu Tod und Auferstehung neugeschaffenen Menschen zu verkünden.

Gekreuzigter und auferstandener Herr, Du hast um unseres Heiles willen unter uns gelebt. Wir haben dich erkannt und wollen mit Dir ziehen, um Dich allerorten zu bezeugen.

Himmelfahrt

Die elf Jünger gingen nach Galiläa auf den Berg, den Jesus ihnen genannt hatte. Da trat Jesus auf sie zu und sagte zu ihnen: Mir ist alle Macht gegeben im Himmel und auf der Erde.

Mt 28,16.18

Von Elija wissen wir, daß er am Ende seines Lebens entrückt wurde und der Erde entschwindet (2 Kön 2,1–18). Ebenso wurde Henoch von Gott entrückt (Gen 5,24). Auch von Mose weiß die jüdische Literatur ähnliches zu berichten. Diesen Erzählungen wie den Himmelfahrtsberichten des Lukasevangeliums (Lk 24,51) und der Apostelgeschichte (Apg 1,9) ist gemeinsam, daß der Betreffende inmitten von Menschen unter dem Ausspruch letzter Worte, eines speziellen Sendungsauftrags der Erde in unbegreiflicher Weise genommen wird und den Augen der Zeugen entschwindet. Wenn Lukas an diese alttestamentlichen und jüdisch-literarischen Parallelen anknüpft, dann um des besseren Verständnisses dieser Unvorstellbarkeit willen. Auf ihn ist die entsprechende Stelle bei Markus (Mk 16,19) zurückzuführen. Bei Matthäus (Mt 28,18 ff) liegt eine andere Vorstellung vor. Für ihn ist der Herr bereits mit seiner Auferstehung in den Himmel aufgefahren und spricht die elf Jünger als der schon Erhöhte an. Dieser unsichtbare Vorgang der Himmelfahrt im Gleichklang mit der Auferstehung liegt auch dem Johannesevangelium zugrunde. Denn am Abend des Ostertages kann Jesus als in den Himmel Aufgefahrener den Jüngern den Heiligen Geist spenden (Joh 20,22). Damit wird aber eine Einheit von Auferstehung, Himmelfahrt und Geistsendung umschrieben, die in den ersten Jahrhunderten der Kirche noch lebendig war und erst später zugunsten der lukanischen Trennung aufgegeben wird. Diese unterschiedlichen Aussagen etwa auf den Hintergrund von wahr und unwahr in historischem Verständnis gegeneinander auszuspielen, ist aber unstatthaft. Lukas geht es nicht um einen historischen Bericht. Was die anderen Evangelisten als Mysterium offen lassen, umgibt er mit einem Rahmen, der das Geheimnisvolle in seiner Grundaussage aufdeckt und verdichtet. Hier liegt eine dem jüdischen und orientalischen Menschen gewohnte Umsetzung eines abstrakten Vorgangs in eine verdeutlichendere konkrete Situation vor. Vereinfachend für den jüdischen Hörer ist zudem die Parallele der Abschiedsszene mit dem Segen des Hohenpriesters zum Abschluß einer Tempelliturgie (Sir 50,20–22). Die dem Segen folgende Anbetung der Jünger weist darauf hin, daß sie erst jetzt die Sendung und die Geschichte Jesu begreifen. Ihre vorzeitigen, nicht selten vom politischen Messianismus geprägten Erwartungen werden nun auf eine endzeitliche Erwartung gelenkt, die aber das tätige Zeugnis des auferstandenen und erhöhten Herrn miteinschließt. Von diesem zu leistenden Bekenntnis her versteht sich die Kirche.

Durch unser Zeugnis Deiner Auferstehung und Wiederkunft sei Du, erhöhter Herr, lebendig in unserer Mitte.

Messianische Erwartung

> Nun bin ich gewiß:
> der Herr schenkt seinem Gesalbten den Sieg; er erhört ihn von seinem heiligen Himmel her und hilft ihm mit der Macht seiner Rechten.
>
> Ps. 20,7

Mit dem Messias waren zunächst durchaus keine festen Vorstellungen in bezug auf eine bestimmte Person verknüpft. Der „Gesalbte“ konnte ein weltlicher König, ein Priester oder ein Prophet sein. So nennt Jesaja selbst den persischen König Kyrus einen Gesalbten.

Erst in der späteren jüdischen Endzeiterwartung wurde „Messias“ zur festen Bezeichnung für den Langerwarteten. In der nachexilischen Zeit entwickelte sich aufgrund der politischen Situation eine völlig neue messianische Vorstellung. Der Gesalbte wurde zum Volksbefreier, mit dessen Erscheinen alle inneren und äußeren Feinde vernichtet werden und das Paradies auf Erden errichtet wird.

Doch immer wieder sahen sich die Menschen in ihren Erwartungen enttäuscht.

Die Hoffnungen, die sich auf den Messias bezogen, wurden immer mehr mit dem Haus David aufs engste verbunden.

So mußte natürlich Serubbabel, der Mann, der das Volk aus dem babylonischen Exil zurückführte, in den Augen der Menschen zunächst als der „Erwartete“ gelten, zumal er ja davidischer Herkunft war.

Die zahlreichen Klagepsalmen beweisen uns das Hoffen der Menschen auf Befreiung und Erlösung, die wie im 7. Psalm vor Gott ihre Ängste tragen:
„Herr, mein Gott, ich flüchte mich zu dir;
hilf mir vor allen Verfolgungen und rette mich.“

Nachdem aber auch die Makkabäer-Fürsten nicht die in sie gesetzten Hoffnungen erfüllten, entstanden in der Nation zahlreiche messianische Sekten mit recht unterschiedlichen Vorstellungen.

Zur Zeit Jesu war das Dorf Betlehem ohne führende Familien. Auch das Geschlecht Davids hatte längst seine einstige Bedeutung verloren. Trotzdem erhielt sich die Vorstellung, daß der Messias aus dem Hause Davids komme, weiterhin am Leben, ja verstärkte sich, je größer, je schwieriger die politische Lage wurde. Das ganze Land lebte unter Herodes in einer Art Belagerungszustand. Tausende verschwanden in den Kerkern herodianischer Befestigungen. Es herrschte ein allgemeines Versammlungsverbot, ja das Zusammenstehen in kleinsten Gruppen war bei schwersten Strafen verboten.

Die Qumran-Gemeinde erwartete sogar zwei Gesalbte, einen König aus dem Hause Davids und einen ihm überstehenden zadokidischen Priester.

In anderen Gruppen wiederum verstärkte sich der Glaube an einen übernatürlichen Erlöser, den „Menschensohn“.

So kämpften und starben die Gläubigen aller Gruppierungen in dem großen Aufstand gegen Rom im Bewußtsein, am endzeitlichen Kampf gegen die Finsternis teilgenommen zu haben, um so endlich die Herrschaft des Messias herbeizuführen.

Selbst nach dem Fall Jerusalems blieb das messianische Hoffen im Volk weiterbestehen, ja verstärkte sich sogar. Nationale Not und alle Verfolgungen galten als eine schwere Zeit der Prüfung, mit der sich aber das Kommen des Messias vorankündigte.

Im Laufe der späteren Jahrhunderte standen viele falsche Gesalbte auf, die den sehnsüchtig Wartenden den Anbruch einer neuen Zeit verhießen.

So blieb die messianische Erwartung nach wie vor das wesentlichste Element im jüdischen Glauben.

> Aber ihr werdet die Kraft des heiligen Geistes empfangen, der auf euch herabkommen wird; und ihr werdet meine Zeugen sein in Jerusalem und in ganz Judäa und Samarien und bis an die Grenzen der Erde.
>
> Apg 1,8

In der Apostelgeschichte wird die junge Kirche ausdrücklich als Sekte der Nazoräer bezeichnet (Apg 24,5) und damit neben andere jüdische Gruppen wie der Sadduzäer und Pharisäer gestellt, wobei der Einordnung als Sekte nicht unser heutiger negativer Beiklang anhaftet. Die nachösterliche christliche Gemeinde wird also dem Judentum zugeordnet und versteht sich zunächst auch als Gemeinde, heilige Versammlung des Gottesvolkes mit jüdischem Ursprung. Nur auf diesem jüdischen Hintergrund ist der Anspruch der Jerusalemer Urgemeinde zu erklären, das wahre Israel, die messianische Heilsgemeinde zu sein. Mit diesem Selbstverständnis steht die junge Kirche nicht allein innerhalb des Judentums. Auch andere Gruppen betrachten sich als eine eschatologische Gemeinschaft, als das wahre Israel, vor allem die Gemeinde von Qumran mit ihrem ausgeprägten Auserwählungsgedanken. Diese aufgeworfene Frage nach dem wahren Israel wird also nicht erst durch die Urgemeinde gestellt. Auch damit bewegt sie sich in der zeitgenössischen jüdischen Endzeit- und Messiaserwartung. Alle hervorstechenden jüdischen Gruppen bemühen sich um die Verwirklichung des heiligen Volkes Gottes. Versteht sich aber die Qumrangemeinde der Essener als

Der Posaunenengel. – Holzschnitt aus der Neunten deutschen Bibel von Anton Koberger, Nürnberg 1483.

„heiliger Rest" und läßt jede Offenheit außer acht, hebt die junge Kirche mit ihrem Anspruch zur Missionierung an. Sie will alle Menschen – Juden und Heiden – in das neue Gottesvolk und in die mit Jesus angebrochene Heilszeit führen. Zielt Jesus zunächst allein die Umkehr Israels und dessen Hinwendung zur mit ihm einsetzenden endzeitlichen Gottesherrschaft an, die keine Schranken und Ausschließungen mehr kennt, erweitert die nachösterliche Gemeinde – auch durch die jüdische Ablehnung bedingt – ihr Tätigkeitsfeld mit der Verkündigung der Botschaft von Jesu Wirken und Lehre über Israel hinaus. An allen Orten und zu allen Zeiten soll Jesus gegenwärtig sein. Dieser Universalismus prägt die Kirche von Anfang an. Ihr Ort ist die Welt und die Menschheit, worin sie sich um die Vergegenwärtigung Jesu bemüht.

Herr, Deine Gemeinde trägt Dein Wort durch alle Zeit. Bewahre uns in dieser universellen Verpflichtung.